Por la noche florecen

Coraima Rivero Hernández (1997) nació en Gáldar, un pueblo del norte de Gran Canaria, España. Allí vivió toda su vida hasta que, hace unos años, se mudó a otro norte, esta vez al de Europa, más concretamente a Finlandia. Estudió Lenguas Modernas y hoy en día es profesora de Inglés en una escuela infantil. Aunque los libros no fueron sus compañeros desde pequeña, siempre sintió una conexión natural con las palabras y el juego que podía crear con ellas; tanto que una vez llegó a pedir un diccionario como regalo. Con los años, esa conexión creció, llevándola a volcar en libretas todos los pensamientos y reflexiones que cruzaban su mente. Desde entonces, escribir se ha vuelto algo imprescindible para ella.

Escribir tantos textos la llevó a querer compartirlos con la gente a través de su cuenta de Instagram, bajo el usuario de @corihe.letras, donde comparte fragmentos, reflexiones y poemas crudos, como ella misma los describe.

Por la noche florecen

CORAIMA RIVERO HERNÁNDEZ

Título oficial: Por la noche florecen

Primera edición: febrero 2026
Publicado por Amazon KDP
ISBN: 978-84-09-78162-1
Impreso en Amazon KDP

Si deseas contactar con la autora:

- Correo electrónico: coriheletras@gmail.com
- Instagram: @corihe.letras

Este libro va dedicado a todas esas personas valientes capaces de dejarse marchitar para después regarse y volver a florecer. Sin embargo, se lo dedico especialmente a la reina maga que siempre me ha inspirado, apoyado y acompañado. Te quiero abuela, porque siempre hay y habrá un porvenir, tu porvenir.

Índice

Capítulo I.

Marchitar

1

Saber decir adiós nunca ha sido fácil, aunque la gente se empeñe en decir que sí.

Hay personas que nos regalan una gran retahíla de palabras bonitas que inocentes de nosotros creemos, porque va en nuestro ADN creerles y ver la bondad en las personas, pese a que a veces nos equivocamos. Montan un gran teatro donde las palabras se convierten en ilusiones hipnóticas con las cortinas de humo como teloneras. Y mientras, las víctimas en todo eso, somos quienes vivimos en penitencia. Nos duele ver cómo esas personas que creíamos familia o amigos se van, dejando huellas bien incrustadas en el corazón, recordándonos todo el daño que nos hicieron. Es así como nos encontramos con el único deseo de convertir esas palabras en cenizas y enterrarlas en un foso del cual no puedan salir jamás.

Pero mucha otra gente nos dice la importancia de *relativizar*, que la cuestión está en ese verbo. Y pues parecer ser que tenían razón, porque gracias a él aprendemos qué personas sí y cuáles no.

Si al final vamos a tener que agradecer que nos hayan jodido la vida en algún momento, para convertirnos en personas dispuestas a aprender. Aprender a saber, aprender a aceptar, aprender a dejar marchar y aprender a decir adiós.

2

Ella ha sido siempre de mente buena y con un corazón que desborda humildad. Sin maldad ha decidido ir por la vida, para así lograr su cometido de regalar vida.

Sin embargo, esa bondad que desprende le hace pecar muchas veces de inocente, y cuando menos se lo espera, es la maldad quien le choca de frente.

Y ella se queda abatida, fustigada, queriendo solamente llorarle a su almohada.

3

¿Hacia dónde vamos? ¿Hacia dónde van?

Cuestiones que siempre me acompañan.

Veo a personas reales que andan en medio de una sociedad moralista que les castiga por ser reales. ¡Menuda paradoja!

Encajar socialmente.

Una oración.

Dos palabras.

Un sentimiento: la incomprensión.

Y mientras que marchamos en una sociedad que no (nos) comprende y en la que los derechos están más aislados que antes, los deberes corren libremente por cada esquina de la calle.

La posibilidad de errar está extinta.

No nos dejan ser, y si nos dejan, debe ser como le parezca a ella, a la sociedad moralista.

Deberíamos saber que somos humanos, y no un diseño social.

4

Tengo miedo de ser muy vulnerable.

Miedo de no saber quién soy.

Miedo de no saber a dónde voy.

Miedo de no avanzar.

Miedo de no crecer.

Miedo de convertirme en otro alguien.

Miedo de fracasar.

Miedo de convertirme en una persona rechazada.

Miedo de lo incierto.

Miedo de no ser yo.

¿Y tú? ¿A qué le tienes miedo?

5

Soy la niña que siempre quiso atención, pero, aunque ahora, siendo adulta sabe que menos mal no la consiguió, aún la percibe.

Soy recuerdo para muchos, pero no el correcto.

Solo quiero hacerme pequeña, más anónima de lo que ya soy.

¿Por qué es tan difícil entender que quiero importancia y no atención?

Soy esa niña que regalo sonrisas, ojos alegres y consejos, mientras que me autorregalo melancolía y destrozos en mis momentos de total soledad.

6

Y, de repente, ese día tan soleado cambió.

Cambió para convertirse en el más feo y gris de toda la faz de la tierra. Oscuro, tenebroso y taciturno ocupó un gran espacio dentro de mi ser.

Los animales decidieron no sonar, la rutina se atrevió a ralentizarse y lo único que yo hacía era suspirar, a la espera de una respuesta.

Una respuesta que no llegaba. Una respuesta que nunca llegó.

7

El primer día de su vida le pusieron sobre ella un manto inmaculado. Una imagen casta impuesta que la convertiría en su propia esclava. No le daba la posibilidad de errar. No debía. No podía. Debía ser perfecta en cada acto, en cada palabra.

En un planeta lleno de arcángeles, ella era la única divinidad angelical que debía obrar para ayudar a los más vulnerables. Salvando a todas las personas que estaban a su alcance. Debía proteger a quiénes lo necesitaban. Hacía todo lo que estaba a su alcance para no dejar sin protección a los que carecían de ella. Actuaba con prioridad para los demás, incluso más que para ella misma.

Pero, de alguna manera, un acto reflejo le hizo despertar, darse cuenta de que no era real, que estaba viviendo un espejismo, que ella simplemente se había transformado en un efímero oasis y no en aquella deidad angelical que le hacían creer.

Por proteger a los demás…

se había desprotegido a sí misma.

8

En Madrid nieva, y aquí no, pero ahora todo está más gélido desde tu partida.

Amor, mira lo que has hecho, con tu vacío has dejado más frío que cualquier borrasca helada.

El corazón se siente desahuciado, desamparado, agonizante como una presa que acaba de ser atrapada. Una brisa glacial le rodea como si ahora Siberia estuviese alojada dentro de él, y que tirita cada vez que te quiere recordar. Los sentimientos más crudos y adversos se instalan en él, haciendo que un rayo a mil kilómetros hora le atraviese y retumbe internamente como un trueno estridente.

Tus promesas de amor interminable terminaron siendo eso, promesas. Porque nunca llegaron a ser hechos.

Nada sana y todo duele. Nada resurge. Todo (me) aflige. No sé quién se salva, o quién salva. Solo se escucha una salva en honor a él, al resquebrajado corazón.

No sé si era el momento adecuado para dejarte marchar, solo sé que el corazón se ha quedado a grados bajo cero porque tú no estás.

9

Voy mirando cada matrícula, con el único objetivo de memorizarlas. Voy quedándome con la cara de la gente, con sus facciones, con sus colores. Ya parece algo normalizado el hecho de asustarme con cada paso, cada claxon, cada palabra. Con cada indicio, debo estar atenta, estar alerta.

Y no debe ser así, no puede ser así.

En las noches, sola voy conmigo. Camino a veces entre casas abandonadas que lo único que habita en ellas es el silencio. Otras veces, voy por calles habitadas, pero a oscuras, donde mi único acompañante es el miedo.

Y no debe ser así, no puede ser así.

Verme en la necesidad de decir la hora, el sitio, con quién. Porque esta maldita sociedad casi me obliga a ir acompañada para asegurarme de que así no me pase nada. Voy vigilando mis pasos. Voy desconfiando hasta de lo conocido: de mi propia sombra; porque de nadie ya me fio.

Y no debe ser así, no puede ser así.

Muchas más cosas me segmentan interiormente, pero no las muestro, por el simple hecho de no saber verbalizarlas, pero ahí están, haciendo daño día tras día. Y todo eso, no hace otra cosa que crear un fuerte incendio que me quema por dentro, un gran agujero que me perfora, una brecha de desequilibrio que me aturde. Y todo lo que hay dentro de mí, se pierde, porque nada crece.

Y no debe ser así, no puede ser así.

10

Veo que el alma no siente.

Los engranajes de la mente no funcionan.

El corazón late, pero no vive.

Los ojos lloran.

La boca balbucea.

La nariz ya no percibe el olor.

El sistema nervioso está muy nervioso y desistió; no hace nada.

Las ramificaciones de los pulmones ya no tienen color.

Las manos tocan perdiendo el tacto.

Los pies andan sin destino alguno.

Mi yo completo, ni siente, ni padece.

Definitivamente, se encuentra en un limbo emocional.

11

No paras de hablar y tampoco de llover.

No paras de gritar y tampoco paran los truenos.

Tus palabras son dardos envenenados que retumban como relámpagos que no paran de chillar.

Los rayos no cesan e iluminan terriblemente el cielo.

Y entre todo eso, yo me encuentro tontamente desorientada.

Lo único que musito son lastimeros sollozos que incrementan cada vez más. El granizo cae sin perdón y hace que me duela más el corazón; un corazón amarrado a incesantes quejidos.

Los sentimientos me duelen una y otra vez. Ya no merecen la pena. Ya no son como antes. Traen únicamente penurias.

Solo quiero dormir y llorar.

Dormir hasta que esta tormenta pase, porque no puedo pasar yo por ella.

Me domina, y si la enfrento, sé que me terminará ganando la guerra. Ya son muchas batallas perdidas.

Ya casi no contemplo la victoria en esta partida.

12

Rugían fuertes tornados con cada palabra.

Cada vez que te miraba sentía un terrible frío.

Un nuevo dolor de tormenta eléctrica me arropaba con cada acción tuya.

Si pensaba en ti, sentía como mi sesera se iba cortando a cachos.

Cada vez que intentaba abrazarte, mi cuerpo terminaba abrasándose.

La tensión para nada agradable podía cortarse con el set de cuchillos más afilado del mercado.

Tu amor fue una mera dinamita radiactiva. Me dabas fobia. Me dabas espasmos.

Las lágrimas eran más saladas que el salitre de cualquier mar.

La calle se volvía en mi fiel trinchera, porque tú eras y eres un total desastre, que solo trae consigo catástrofes.

Terminé convirtiéndome en un ciervo lastimado por un leopardo.

Y mientras ocurría todo eso, mi corazón se carbonizaba lentamente cada vez que pensaba en los sentimientos que algún día llegó a sentir por ti.

13

En ese momento terminé colapsando más de lo normal. Tus palabras terminaron convirtiéndose en un misil dispuesto a disparar a diestro y siniestro.

A la vez que mis párpados ya no podían soportar más peso -porque dolían y escocían-, mi corazón castigaba a mi mente. Una mente que estaba a punto de ser detonada por pensamientos invasivos incapaces de ser controlados.

¿A quién le hablaba? ¿A quién le contaba? ¿A quién le lloraba?

Mientras más tardaba en contarlo para calmarme, un agujero iba apareciendo dentro de mí. Un agujero que achicharraba, un agujero que taladraba. Yo no paraba de llorar, hasta tal punto de que ya no me quedaba más agua dentro. Y aunque mis ojos estaban cansados de llorar, seguían llorando en sequía; como la única manera de intentar sanar todo este dolor que sentía por dentro.

Lloraba, porque me importaba.

Yo solo intentaba ser la mejor versión de mí, más justa, más ética, más atenta; pero de nada sirvió, todo fue en vano, porque yo no sé cómo lo hace, pero el demonio siempre termina ganando.

14

Rota. Resquebrajada. Partida. Así me encuentro yo tras tu huida. Lo único que queda de mí son resquicios de mi cuerpo, y si me mueves, me convierto en un sonajero, porque no soy otra cosa que un compuesto de vidrios rotos. Qué triste es ver que ya no existe Roma al revés. O tal vez nunca lo fue, y solo era Fukushima, explotando desde lo más bajo hasta la cima.

Parece ser que esto no llegó a buen puerto, pero yo sobrepasé ese puerto y ahora en el fondo del mar me encuentro; ahogada al completo. Me dejaste fracturada más allá de la magulladura en la cara. Las cicatrices ahora se convertirán en infinitas directrices de mi futuro. Todo lo bonito que provenía de ti, se tornó en una sombra que me persigue y me intimida.

Ahora estoy *cruda, mareada y desplazada*; y ya no queda nada de aquella muchacha que se creía hada. Ahora los sentimientos son más amargos que tus aliños. Ahora soy un descompuesto sensorial, y una alergia emocional llena de efectos secundarios. Mis miradas ahora son más lúgubres que cualquier noche al desamparo, unas miradas que solo contemplan incertidumbres. Solo veo un pozo lleno de dudas, y yo sin duda voy a tirarme en él. El corazón ya no me da un vuelco, lo que se vuelca es la cabeza. Derramo vida desaprovechada, absorbo inseguridad canalizada.

Solo espero que las brujas vengan a rescatarme, para volar juntas en sus dragones de papel y así poder liberarme.

15

¿Ahora con quién bailaré? ¿Ahora con quién me tomaré un té? ¿Ahora con quién cantaré a pleno pulmón en el coche o en el salón de casa? ¿Ahora a quién le contaré mis cosas? ¿Ahora con quién me abrazaré? ¿Ahora a quién besaré con tanto cariño? ¿Ahora con quién cocinaré? ¿Ahora con quién iré a la playa o a la montaña? ¿Ahora a quién le tiraré un cojín cuando quiero bromear? ¿Ahora con quién calmaré mis penas y celebraré mis logros? ¿Ahora con quién jugaré a ser humana? ¿Ahora con quién comentaré mi lectura? ¿Ahora con quién comeré pastel? ¿Ahora quién me entenderá? ¿Ahora con quién veré mi película favorita? ¿Ahora con quién iré de paseo? ¿Ahora con quién viviré la risa? ¿Ahora con quién surfearé la vida?

Ahora eres a quién echo de menos y eso no me gusta.

16

90 días de cautiverio.

90 días de agobio ahogado en incertidumbres y en llantos.

90 días de paralización y respiro, de pensamiento y reflexión, de idas y vueltas, de marchas solitarias.

90 días para valorar, aprender y desaprender.

No sé quién gana, o quién pierde, o si estamos jugando una partida. Una partida a cara o cruz, a vida o muerte, literal. No sé quién vive o quién se va. Quien supera o sobrevive. Los días se resumen en números. Y nosotros nos sumergimos en un estado de inestabilidad emocional al borde del colapso, a punto de saltar por un acantilado sin paracaídas de por medio.

Un aplauso vino primero, y una canción le siguió después, convirtiéndose ambos en la banda sonora de toda esta nación. Ambos nos volvían a la esperanza más verde y a la desconexión más necesaria.

Y mientras todo esto sucede, yo lloro y muchos gritan. Mientras yo me angustio, otros combaten con algo intangible pero real para que la vida no se apague. Me volví un río de lágrimas, un mar de inquietudes y un océano de miedos.

Yo solo quería coger la carretera más cercana y perderme, perderme entre todas esas sirenas que se normalizaron como el sonido más común entre los mortales. Yo quería que me tragara la tierra y me escupiese en mi utopía, esa que creaba cada noche en mi mente, con el fin de volverla real y de aquí poder desaparecer.

17

A tus ojos me anclé.

A tu esencia me entrelacé.

A tus miedos le dí la bienvenida para que unidos podamos ganarle la partida.

A tus manos me acostumbré.

Con tu mirada me alienė.

A tu espalda me enganché.

A tus defectos me aferré y más perfecto te hacen ver.

De tus virtudes me impregné.

A tu voz me incorporé.

A tus abrazos me anexé.

A tus caricias me vicié.

En tus lunares me fijé.

Y de tus palabras, encantada quedé.

En definitiva, de ti me enamoré.

Ahora, de todo eso, auxíliame, porque yo no sé qué hacer.

18

Pienso en Marzo y en vez de sentir la primavera, el cantar de los pájaros, el suave olor floral, las abejas polinizando y los rayos de sol entrando por la ventana; lo que siento es un gran escalofrío que me recorre todo el cuerpo. Es pensar en él y un carrete de imágenes pasa a mil por hora delante de mi retina.

En este carrete solo escucho sirenas, edificios colapsados de personas, ejércitos, carreras enfundadas por miedos, cortinas de inseguridades e incertidumbres, sueños difuminados, un manto de lloros, tristezas, sollozos, conatos de soledad y angustias.

Marzo ha calado tan hondo en mi cuerpo que ya no va a salir, y cada vez que escuche o vea esa palabra, mi mente emprenderá un viaje al pasado. Un viaje que no hará otra cosa que atrofiarme la cabeza, paralizarme el cuerpo, centrifugarme las entrañas y nublarme los sentidos.

Sé que siempre hará el mismo efecto sobre mí, pasen dos años, un lustro, una década o la vida entera.

19

Te agarras a un hilo de esperanza como si fuese una gran cuerda y también como si se te fuese la vida en ello.

Sin embargo, no te das cuenta de que ese hilo no es de esperanza, sino de mentira, dolor y apariencia.

Pero creo que te has vuelto tan inmune al dolor que ya no lo sientes, no lo padeces, e incluso, lo notas como uno más de la familia, un nuevo integrante en las emociones más comunes dentro de ti.

20

Escucha, escucha esos lloros que por ahí vienen, me pertenecen.

Mira esas cataratas, yo soy la dueña, las he creado con mis incesantes lágrimas.

¿Los cristales que al tintinear ponen melodía a los silencios? También son míos, por haberme chocado con tus incoherencias y romperme por dentro, una vez más.

Y mírame, ¿ves estas ojeras?

Fuiste tú.

21

Una superioridad moral que simplemente deja lugar a personas incompetentes.

Una supremacía de género moldeada a gusto de unos pocos, pero enquistada en todos, con la que sé que pronto acabaremos.

Unos mortales que carecen del valor de la empatía.

Unos demagogos con la única ansia de gobernar en su errónea utopía.

Piel de gallina, nudo en la garganta, dardo en el corazón, y clavo en el estómago. Así me siento yo cuando veo tu poca humanidad, tu trato y tu no compasión.

Por favor Tierra, absórbeme y escúpeme, escúpeme en mi lugar, que ahí sí hay lugar para todos.

22

Quería hacer algo para que nada de eso hubiese pasado. Quería retroceder para impedirlo. Quería volver atrás para quitarte esas palabras de tu mente, para impedir esa acción. Pero no pude. Era superior a mí.

Entonces lo que quería era hacerte volver. Quería volver a verte, escucharte, acompañarte, simplemente quería estar ahí, contigo. Pero no, una vez más, no pude.

Yo lloraba, lloraba por haberte dañado por algo que no hice. Lloraba por haberme alejado de ti, cuando habías sido tú quien se marchó. Lloraba por ti, por mí, por nosotras. Lloraba por el pasado que ahora olvido, y por el futuro que no será nunca.

Joder, me dejaste hecha un despojo emocional. ¿Por qué (me) hiciste eso?

23

Ya no te quiero ver aquí. Ya no te quiero cerca de mí. Ya no te quiero a mi vera. Eres como un tornado porque solo sabes romper y destrozar. Nuestros caminos tienen futuro si se separan, porque juntos son mera hecatombe. Tu nulo corazón no deja lugar a la razón.

Vete,

márchate,

huye si hace falta,

pero junto a mí no quiero verte más.

24

Entre todas las personas que hay sobre la faz de la tierra me pregunto ¿Por qué a mí? ¿Por qué antes de que Morfeo venga a buscarme o cuando tengo un momento de soledad siento que choco con miles de emociones?

Siento como las dudas me abrazan fuertemente dejándome sin la oportunidad de que el oxígeno entre a mis pulmones. Unos miedos me apuñalan sin remordimiento alguno. Un temor me estrangula, mientras que las indecisiones me aplastan cual apisonadora y, junto a ellas, las incertidumbres aprovechan su momento para ahogarme. Veo como el pánico también hace de las suyas y me degolla a la par que el pavor me tuerce. Y antes de que Morfeo abra la puerta, el horror me perfora mientras que la inquietud me taladra los sesos.

¿Por qué yo, y no otros?

¿Por qué no me dejas vivir?

¿No crees que ya es suficiente el hecho de tener que vivir con los fantasmas que tengo en la mente?

25

Nunca supe cuándo iba a ser la última vez.

Nunca supe que ya no te volvería a ver.

Hubo un adiós de cuerpo a cuerpo que nunca llegó, pero sí de sueño en sueño.

Pero eso es todo, ya no hay nada más.

Y ahora, ahora no queda nada. Absolutamente nada.

Ya no hay risas. Ya no hay órdenes. Ya no hay sonrisas. Ya no hay vivencias. Ya no hay palabras. Ya no hay rezos. Ya no hay flores. Ya no más anécdotas. Ya no hay nada.

Tú no estás, y aunque me diga que sí, no lo voy a superar.

Solo quedan recuerdos en esto que soy, un mar de lágrimas.

26

Soy un desastre incomprendido que no sabe qué sucede. O qué le sucede. Dependo de mí para vivir. Dependo de la estabilidad para seguir. Y por mucho que *depender* sea el verbo, creo que estoy equivocada.

Soy un completo mar de nubes tormentosas, cargantes e incesantes. Soy un mar de dudas que naufraga cada día a contracorriente, porque así soy yo; una persona que va siempre en distinta dirección.

Y pese a todo esto, no sé cómo decidieron quedarse, qué les arrojó a ello, si es que no soy, y lo que es peor, lo sé. Ni la más remota justificación podría explicármelo.

Y como no quiero que haya daños ni víctimas, quiero pedirles que se vayan; pero sé que no lo harán.

No sé a quién quiero mentir si en realidad quiero pedirles que se queden.

27

Finalmente, tus promesas se convirtieron en hechos, unos hechos que ambos no queríamos, por nada del mundo, que pudiesen suceder.
Ahora me doy cuenta de que ambos siempre vivíamos con la temeridad de que sucedieran.
Ahora me doy cuenta de que, si vivíamos con esa temeridad, es que nunca hubo la confianza que creíamos que había.
No nos dimos cuenta. O puede que sí, pero no lo verbalizamos nunca, o no a tiempo. Puede que viviésemos bajo nuestra propia mentira. Esa que fuimos cocinando a fuego lento pero que terminó estallando cual olla a presión. En un largo y pausado pestañeo, pasamos del amor a convertirnos en los creadores de nuestro propio dolor, de nuestro propio daño. Creamos, sin darnos cuenta, una incubadora de desamor, pena y tristeza. Ahora nos hemos transformado en un pantano de lágrimas que no terminan.
Ahora esas promesas duelen. Me duelen por ti, y me duelen por mí. Tú nunca supiste verbalizar lo que sucedía, y yo nunca te ayudé a ello. Ambos somos culpables en esto. Y podríamos haber salido ilesos de esta, o al menos, menos dañados.
Ahora, no queda otra cosa que pasar por esta etapa, una etapa que hemos propiciado nosotros. Ahora, esta etapa, se convierte en nuestra propia penitencia, esa que debemos pagar por no haber puesto valor y espacio a las palabras.

28

Me encuentro dentro de este cubículo que cada noche se convierte en mi confesionario privado, mientras que el agua caliente va desde la sien hasta el dedo meñique del pie.

Indecisa y asustada, echo hacia atrás la cabeza, cierro los ojos, tomo aire y un suspiro largo sale a trompicones de mi boca; con el mero objetivo de resolver todo.

Quiero resolverme, componerme de nuevo, juntarme, y arreglarme, porque desde hace algún tiempo atrás, una bala de alto calibre me atravesó el alma dejándome rota y descompuesta.

29

Fuimos más fugaces de lo que pensábamos.

Fuimos más fugaces que las estrellas.

Fuimos fugaces como el pestañeo.

Fugaces como la cobertura en un túnel.

Fugaces como el paso firme y rápido.

Fugaces como la lluvia que cae.

Fugaces como la vida misma, porque los fugaces somos nosotros, y no las estrellas.

Fuimos tan fugaces que nunca existimos de verdad.

30

No sé cómo explicar la incertidumbre que aflora en todo mi cuerpo cuando me embarco en algo que no sé si podrá conseguir su meta. Emprendo un viaje sin nada, incluso a veces a la nada, y en donde las ganas van apagando su luz ya que todo lo que hay son miedos. Dejo atrás todo, para que lo que está por delante pueda ser mejor. No es elección, es casi obligación.

Y que, si llegas, todo se resume en la palabra suerte y nada más. Porque parece que así funciona ahora la vida.

Las palabras que casi mutilan como balas, atraviesan el corazón y explotan por dentro, dejándome rota; y pedazo a pedazo, me voy desmoronando. Unas palabras que me hacen sentir como alguien extraño. Sentirlo, vivirlo, pasar por ello.

Vivir en primera persona el daño producido por las murallas. Un daño alimentado por la jodida supremacía que no se va. Y pretenden que nuestro futuro esté determinado por árboles hechos papeles que se han perdido por el camino. Emprendo un rumbo sin saber quién soy, quién fui, o quién podré ser.

Somos individuos, individuales, personas con historias.

Es el momento de saber que ya no reside en el discurso, ya no es suficiente, ahora también reside en los hechos. Mira más allá, entiende la situación, empatiza con ella, e intenta ayudar a su mejora.

31

Se desata el apocalipsis y yo aquí tan tranquila.

Una nube gris aparece y abruma el caminar de la gente.

Algo estalló, pero no se sabe el qué.

Una multitud absorta ante lo ocurrido, recluidos en la realidad.

El avistamiento de un colapso que va a ser difícil de parar.

Es mi alter ego quién controla todo eso.

32

Entre un bosque de dudas, un mar de esperanzas, un acantilado de interrogantes y un jardín de sueños. Mientras que ahí suena el canto de las sirenas y los barcos naufragan, yo me acelero cual bomba de relojería.

Encarcelada entre las mil cadenas que me impongo. Mires por donde mires, hay lágrimas vacías. Todo lo que me rodea se basa en la penumbra.

Y es ahí donde me encuentro yo, en el lugar al que las luciérnagas deciden venir para alumbrar, los pájaros a enamorar, y las abejas a clavar la semilla del miedo.

33

Lloré tanto, que fui capaz de crear un mar de lágrimas. Lloraba tanto, que me sangraba cada poro de mi cuerpo. No me hizo falta una herida para saber que podía sangrar por dentro. Me desgarré en cada costado tras haberte visto marchar.

Los sentimientos no son otra cosa que algo putrefacto. Nada queda de mí, soy un descompuesto. Y si me intentas juntar, faltan piezas. Me he quedado defectuosa.

Yo solo quiero paz, calma y tranquilidad. Pero mi mente me da guerra y mi corazón se ha suscrito a la membresía de las batallas, esas que surgen día sí y día también.

No sé cómo volver a ser yo, o si lo podré conseguir.

Lo que más me duele de todo esto es saber que siempre vas a ser *tú*, pero ya nunca más habrá un *nosotros*.

Ahora, todo esto, se simplifica en una gran cicatriz.

Una cicatriz que ha curado, pero que jamás será olvidada.

34

Ya no sé quién gana
o quién pierde.
Vencedores o perdedores.
Si hay jugadores,
oponentes
o simplemente meros comediantes.
Si realmente esto es una partida,
la vida
o una ficción muy real.
Y sobre este caos tan ordenado,
no sé quién maneja las fichas del tablero.

35

Nunca creí en el miedo a ciencia cierta hasta que abrí la mollera y vi todo lo que allí residía. Todo era una anarquía bien estructurada sin ápice de tener fin. Fantasmas, monstruos y demonios celebraban un gran festín. Y yo me preguntaba ¿qué hago aquí? si contra ellos no puedo competir.

36

Todo ese diluvio universal, no lo ví venir.

Una nube gris ahora me acompaña en mi rutina.

Caen gotas de pánico y saltan criaturas destructivas por el filo de mi mente.

Por fuera, intacta, sonriente, sin ningún aspecto que suene la alarma.

¿Y por dentro?

Hecha mierda, sacudida, aturdida por la ventisca que produce toda esta vorágine de temores. Ahogada por unas manos llenas de dudas que me dejan sin oxígeno.

Pero no pasa nada, está bien estar bien y también mal. Porque somos humanos, eso es lo que menos nos dejan ser.

El día que no me importe el diluvio, la lluvia, los fantasmas y monstruos en la mente, ese día, dejaré de ser yo. Ese día, saldré en los periódicos porque habrá pasado. Y con eso, habrá que hacer algo.

Pero de momento seguimos igual.

37

Cariño, después de todo lo que desaprendí y aprendí gracias a ti.

Después de todo lo que confié en ti.

Después de todo el trabajo que me había costado despojarme de la desconfianza que tenía incrustada desde hace años.

Después de tantos momentos, experiencias y palabras vividas.

Después de abrir el corazón de la manera que lo hice -porque créeme, no fue fácil, ni lo sigue siendo-.

Después de todo eso, lo único que haces es mirar hacia otro lado y dejarme así, tal cual, como si nada hubiese pasado.

Y aquí estoy, averiada, ahogándome en mis lágrimas;

sin un ápice de vida a la que agarrarme.

38

Algo pasa, algo sucede, algo ocurre.

Me riego y nada crece, nada evoluciona, nada brota, nada florece.

Parece ser que todo está marchito.

Las ramificaciones de las malas hierbas crecen cada día más y yo no sé qué hacer.

Ahora mismo soy ese estanque olvidado en el fondo de tu jardín.

39

Llevo tiempo viendo que luchar contra los demonios se vuelve cada vez más pesado. Es muy tedioso combatirles, son un grupo contra uno, y yo ya es que quiero desistir, me supera todo esto. Para mi todo esto significa dejar de volar, dejar de ser yo, dejar de ser alguien.

Yo volaba tanto, que, un día, de un momento a otro, se rompieron las alas, me di de bruces contra la pared y caí. Y esto fue la guinda del pastel que hizo que los demonios contra los que luchaba salieran en desfile. El rojo me aporreaba, el azul me ahogaba y el verde me arrastraba.

No sé si me levantaré, si me quedaré ahí tirada como un ángel caído, o qué será de mí. Yo no sé qué será mejor, si un intento de huida o permitir que estos me dejen abatida.

Si lees entre líneas, sabrás que estoy pidiendo un rescate;

el mío.

40

Siempre me había visto como hierro, y acabo de darme cuenta de que no, que no lo soy.

Soy algo completamente diferente a lo que pensaba ser.

No lo supe ver, y ahora me cuesta aceptarlo.

Parece ser que al final soy un compuesto de porcelana altamente frágil, altamente quebrantable, altamente vulnerable.

41

La rosa que se cae a cachos, y no pétalo a pétalo.

Se deshace.

Se desarma.

Se desmorona.

Se fractura.

Ya no vive.

Nadie la regó, ni tampoco supo regarse a sí misma.

42

Una empatía extrema que corre desesperadamente hacia mí se convierte en íntima amiga y me abraza fuerte. De una manera tan radical me quita el aire, me lo roba, dejándome con las baterías bajas. Y yo, lo único que sé hacer es entrar en un bucle sin salida, un bucle que va a más y no a menos. Un bucle que quita y suma, quita vida y suma agonía. Y entonces, quien termina mal en todo esto, soy yo, una empática fuera de órbita, arrinconada en una esquina con muchas ganas de sollozar.

43

De un momento a otro, sin previo aviso, sin haber pedido permiso para tocar la puerta, entra y se alborota todo; cada parte de tu vida, cada parte de tu ser.

De un momento a otro, todos esos objetivos, sueños y metas que tenías, se desmoronan, se esfuman, ya no son, ya no están. Se han ido a hospedarse al abismo más profundo, han caído por la borda, caminando por todas esas tuberías que conectan el subsuelo del planeta.

Y tú no sabes qué hacer.

Tú no sabes si podrás avanzar con los mismos objetivos, con otros, o si vas a poder avanzar.

No sabes qué vivirás a partir de ahora. No sabes si vivirás una vida nueva, una vida en pausa, una vida modificada, o algo que se debatirá entre la vida y otra cosa que no te atreverás a ponerle nombre, pero sabemos muy bien qué es.

Lo único que sabes hacer en este momento, es mirar las horas espejos con la esperanza de que el universo te lance una señal. Una señal que no sabrás cómo interpretar, pero con la que querrás abrir los ojos para poder dejar todo eso atrás.

44

No sé dónde estoy, no sé dónde me encuentro, y tampoco sé hacia dónde voy.

No sé incluso si quiero ir a algún sitio, si quiero quedarme aquí o si quiero huir.

Cada mañana, al despertar, no sé si quiero preguntarme adónde quiero ir o dónde quiero permanecer.

45

Llorar hasta que no quede agua.

Llorar hasta que el conducto esté más que gastado.

Llorar hasta ahogarme.

Llorar porque no hay nadie.

Llorar hasta que me duelan las pestañas.

Llorar hasta que se caigan los párpados.

Llorar hasta gastar todo el consuelo habido y por haber.

Llorar hasta que el aire y el latido se fusionen de manera anormal.

Llorar hasta que todo explote.

Llorar hasta que la vida me duela.

Llorar.

46

Sentir, o creer que siento que no me conozco. Que no sé quién soy, quién fui ni quién llegaré a ser mañana. Que no sé quién fuiste, quién eres, ni quién serás. Porque ahí estaré, pero no seré. Ni sabré que no lo seré.

Todo lo que sabré, será nada. Y a todos los que conoceré, serán nadie.

Saber, conocer y reconocer, son los verbos que me perseguirán, taladrándome cual tormenta a cada paso.

Miedo, la primera palabra en la que pienso cuando te miro, cuando te oigo, cuando creo que te pienso.

¿Por qué me has quitado los recuerdos?

¿Por qué has hecho desaparecer a la gente?

Olvido, ¿por qué habitas en mí?

47

Sociedad socialmente errónea, socialmente equivocada.

Actos que te rasgan el alma.

Palabras radiactivas que machacan la mente.

Este rumbo es el equivocado, y no se está haciendo nada -o no lo suficiente- para paliarlo.

48

Nunca es suficiente.

Ni antes, ni ahora, ni mañana. Nunca. Negación rotunda.

Solo saben mirarte con inquina.

Mientras que para ti es más de lo que puedes dar, para ellos nunca es suficiente.

¿A dónde estamos yendo a parar?

49

Lorenzo vuelve de trabajar, y Catalina le hace el relevo.

Mientras me voy a dormir, cierro los ojos y él viene a verme.

Parece ser que Insomnio trabaja hoy.

Se une a Miedo y a Dudas, y juntos forman una fiesta nacional.

Otra más.

Otra noche más.

Ya no hay vuelta atrás.

No tengo lugar a donde escapar.

Ni al que poderme quedar.

50

Pensaba que había vivido todo, pero no, siempre hay hueco para una sorpresa más.

El puñal más grande se clava en mí.

Mira a tu alrededor.

Mira todo lo que has causado.

Mira todo eso que reluce, no es brillo, son lágrimas.

Y ahora no quiero hablarte, no quiero, por si la chispa vuelve a saltar, y me atrape. Dejándome esta vez, sin posibilidades para huir.

Y las voces de mi cabeza me *dicen huye, corre, escapa* antes de que sea tarde.

¿Cómo se supone que voy a caminar ahora?

El peso del puñal directamente me arroja al suelo, me hace caer.

Solo quiero decirte que la salida es la primera a la izquierda, porque decirte *vete* hace mucho tiempo que expiró en mi boca.

51

Mientras que los fantasmas del pasado vienen y me acorralan en una esquina, el dragón que habita en mí se despierta, ruge y quema todo por dentro.

Soy simplemente ceniza emocional.

Nada es suficiente.

Nunca lo es.

Nunca lo soy.

Nunca lo seré.

52

Son varias las noches en las que las lágrimas salen a un encuentro.

Varias las noches en las que quien único viene a la fiesta es el sollozo, el cual se queda hasta altas horas de la madrugada.

Por mucho que quiera no encuentro solución, no encuentro un camino, no encuentro una guía.

Pero es que tampoco sé si existe un problema. No lo sé a ciencia cierta, ni a incierta. No lo sé. Ni quiero saberlo.

Y mientras, es ella, la agonía quien crece cada día más, para terminar haciendo mella algún día y que termine explotando cual bomba de relojería.

53

Ya no seremos la canción a la que darle el play cada mañana.

Ya no seremos el sol al atardecer.

Ya no seremos los pájaros al amanecer.

Ya no seremos los lugares.

Ya no seremos el fuego de la noche ni la intensidad de las sábanas.

Ya no seremos la película a media tarde.

Ya no seremos la palabra.

Ya no seremos la risa.

Ya no seremos la sonrisa.

Ya no seremos la calidez humana del otro.

Ya no seremos las emociones del fin de semana.

Lo único que seremos será la jugada final que se acerca, una última partida.

Y eso será lo mismo que ser casi nada.

Una equivalencia igual a cero.

54

Escondida en un búnker.

Las noticias dicen que estoy en busca y captura por haber cometido el mayor de los delitos.

Mi nombre aparece en todos los periódicos y telediarios, nacionales e internacionales, y al lado, mi foto.

¿Y sabes por qué estoy escondida?

¿Y sabes por qué me buscan?

¿Quieres realmente saber qué es lo que he cometido?

Haberte querido.

Ya lo ves cariño, el arma más bonita, se volvió en la más peligrosa.

55

Sentada en el centro de un bosque, en la más oscura de las noches, mientras que los verbos *huir, escapar, fugarse* y *escabullirse* hacen un corro alrededor de mí.

El cántico nacional es el de la mofa, el de la risa malvada, porque no he sabido ponerle un tiempo ni mucho menos un espacio a la partida.

La mía.

Se lo están pasando increíble, pero yo no.

Yo no estoy.

Ni soy.

56

Sube la marea, te centrifuga y te ahoga.
Baja la presión y te caes.
Suben los grados y te quemas.
Bajas la cabeza y un puñal te atraviesa la espalda.
Sube la angustia y sale el sollozo.
Bajan los sueños, sube el miedo.
Esto es un continuo sube y baja.
El equilibrio ya no me quiere.

57

Unas veces todo, otras veces nada.

Unas veces todos, otras veces nadie.

Unas veces sí, otras veces no.

Unas veces fuerza, otras veces flaqueza.

Pero siempre en un constante balanceo nada estable.

58

Mientras el naranja corre por tus venas, el temor va por las de todas esas personas que lloran, sollozan y gritan.

Devoras, destrozas y engulles.

Aplastas, empujas y haces desaparecer.

Paralizas, arrasas y pausas.

Borras todo como si nunca hubiera ocurrido vida allí.

Suprimes a cero cosas que eran vida, y ahora la vida es simplemente recuerdo.

Y aunque seas nuestro origen, no queremos aprender a vivir contigo.

59

Librando una batalla que nadie conoce.

Solo yo.

Solo yo soy conocedora de ella.

Aunque a veces dudo si verdaderamente la conozco bien.

60

Caemos.

Caemos como piezas de dominó en efecto bumerán.

Una y otra vez.

Un deja vú que no cesa.

Letras de canciones que salvan.

Luces desternillantes.

Pensamientos agobiantes.

Y, por si fuera poco, a veces mi estómago juega a ser dragón, o fantasma.

61

Tus palabras caen como gotas de lluvia torrencial.

Y yo me olvidé del paraguas. Otra vez.

Aumentan, crecen, ascienden.

Explotan, retumban, se expanden.

¡Joder!

¿Es que no lo ves?

Deja de ser trueno y relámpago, que todo eso (me) duele.

62

Huyo de los sueños,

como a veces huyo de la vida.

Lo mismo aprendo a través de los sueños,

que me aterro de lo que vivo.

La montaña rusa de emociones aparece para perseguirme, noche tras noche, día tras día; porque no quiere verme viviendo en estabilidad.

63

Un abrazo, una carta y un *te echo de menos*.

Componentes de un destrozo emocional.

Alicientes de un aprendizaje racional.

64

La mirada en Madrid.
El café en París.
Todo me recuerda a ti.
El paseo por Barcelona.
Ese beso en Roma.
Aún recuerdo tu aroma.
Tu camisa color carmesí.
Aquel abrazo en Berlín.
Como ves todo me recuerda a ti.
Pero de nada sirve porque ya no estás aquí.

65

En las noches más claras son en las que me siento más perdida.

Esas noches en las que me siento más abatida.

En esas noches veo -otra vez- que estoy perdiendo la partida.

Esas noches en las que las únicas que ganan son las lágrimas al salir de paseo, porque dentro está todo hecho un caos.

Esperanzas deshidratadas.

Energías agotadas.

Pensamientos alborotados.

Esas noches en las que el dragón ruge y quema, porque los fantasmas le han despertado abruptamente.

66

Ahora estamos como completos desconocidos.

Ajenos a todo el pasado.

Como si antes nada hubiésemos vivido.

Ahora eres imposible de descifrar.

Y ni Einstein lo podría lograr.

Ya lo doy todo por perdido.

67

Una palabra, una bala.

Alejarse para no herirse más.

Dos palabras, un cañón.

Huir para no herirse más.

Tres palabras, ya es una batalla perdida.

Camuflarse para no herirse más.

Escaparse de la realidad.

Escaparse de ella, para no sufrir más.

68

Sentir que se apaga, que se va, que se aleja.

Contemplar cómo desaparece, poco a poco, cacho a cacho.

Hasta que decide decirte adiós.

Es saber entonces, que ya no vuelve más.

69

Irse, evadirse y no volver.

Todo eso a la vez.

Todo eso sin mirar atrás.

Ni una sola vez.

70

Creía que no te decía adiós porque no sabía, porque pensaba que era incapaz de articular palabra, porque la pena me amarraba el alma y no me dejaba decirte adiós; pero veo que no fue así.

Conscientemente no sabía despedirme de ti porque no quería que estuviésemos separados. No quería convertirnos en dos meros desconocidos, dos meros figurantes en la vida del otro.

No decirte adiós significaba que nunca te iba a perder, que nunca te ibas a ir, que nunca nos íbamos a alejar, y que, por consiguiente, no te vería partir. Nunca, jamás.

Pero no fue así.

Porque una palabra de apenas cinco letras se llevaría consigo todo un corazón.

71

Pido.

Pido que no me lastimen.

Que no me limiten.

Que no me corten las alas.

Que no me quiten oportunidades ni derechos.

Que no me añadan más deberes de los que ya tengo.

Que no me levanten la ropa, ni la mano.

Que no me silben.

Que mi cuerpo no se convierta en un lienzo morado, ni en un objeto cosificado.

Que me dejen llegar a casa.

Que el miedo no me respire en la nuca.

Que la angustia no me cante al oído.

Que no me tachen de loca.

Que no me destrocen la vida,

y que tampoco me la quiten.

72

Quería decirte adiós, pero no me atreví. Perdóname amor, pero necesitaba huir. Todo lo que no supe decirte a la cara, te lo digo con esta playlist. Pero ten cuidado, porque al darle al play escucharás mi corazón crujir. Un corazón que aún siente por ti, pero que necesitaba urgentemente salir de aquí.

Por ti, pero sobre todo por mí.

73

Dolió más verte ir, que luchar contra mis monstruos y fantasmas.

Así de grande era mi dolor.

Capítulo II.

Regar

1

Para ser una persona muy racional, hay veces en las que el silencio nocturno me devora y me veo obligada a darle la bienvenida al miedo. Él, sigilosamente, se adentra en mi cabeza y allí se instala.

El miedo corretea como un niño, pero se comporta como un gran león dominante que toma las riendas de la situación y me convierte en su vasallo. Y de un momento a otro, estoy ahí, sola, deslumbrada, y solo sé quedarme estática mientras que mis fuerzas se desgranan.

Pero de repente, viene la esencia racional y me hace ver que los más y los menos siempre estarán ahí, y que de la misma manera que el miedo puede dominar, yo también puedo si me focalizo en lo importante.

Justo es en ese momento, cuando entiendo que no todo puede estar bajo mi control, pero sí hacerlo parecer.

2

No supiste valorar. Te quedaste con A sin escuchar a B.

Preferiste la mentira antes que la verdad.

Perdiste, y, aun así, no te arrepentiste.

El lagarto que escupe veneno ganó porque tú le dejaste.

Sí, soy un dragón, pero indefenso. Sin fuego y con miedo.

Fui yo la que derramé lágrimas verdaderas y no tú.

Fue a mí a quién más le dolió porque yo no tenía la culpa, y, aun así, también me hiciste un daño irreparable.

Preferiste habitar en la nostalgia antes que en la felicidad.

Ahora la tristeza es tu lema de vida porque no supiste priorizar la alegría.

Me has hecho tanto daño, que tengo escalofríos oscuros cuando pienso en ti.

Y si por algún casual piensas volver, no voy a ser yo quién te abra la puerta, ya no, porque ahora es demasiado tarde.

3

Dime cómo se siente haber sido un objeto durante años sin haberte dado cuenta.

Dime cómo eso pudo pasar y no haber hecho nada al respecto.

Dime cómo es posible que muchos años después te des cuenta de eso.

Dime por qué algunas personas decían ser todo y terminaron siendo nada.

Me convertí en una persona que vagabundeaba ajena a todo lo que sucedía a su alrededor.

Deambulaba entre individuos, que simplemente, tenían intereses propios, sin dejar lugar a los comunes.

De todo esto, sé que lo peor no fue vivirlo, sino no haberse dado cuenta de ello. Pero ahora dime,

¿cómo se siente haber salido victoriosa tras todo esto?

4

Puedes llegar a pensar que tengo más silencios que palabras. Que estoy vacía por dentro, que soy una persona sin contenidos. Por lo tanto, puedes llegar a pensar que yo callo junto a mis silencios porque crees que ellos tampoco tienen contenido, que están vacíos al igual que yo.

Con suerte, sé, que mis silencios no están vacíos, sino muy llenos.

Si ellos callan es porque son más sabios que tus palabras. Son tan sabios callándose porque saben que no quieren ser malgastados por unos oídos que no hacen ni el mínimo esfuerzo de escuchar. Una escucha que tú no haces porque eres una persona aturdida por palabras inconexas.

5

Vete, no quiero verte más, no quiero recordarte, quiero olvidarte, quiero que te acabes. Llegaste, y de repente, lo desarmaste todo. Has traído contigo castigos, incertidumbres e inestabilidades.

Si te valoro en caliente, suspenderías sin dudarlo. Pero si lo hago en retrospectiva creo que incluso debo agradecerte.

Gracias por cada momento vivido.

Gracias por cada aspecto aprendido.

Muchas gracias por haberme convertido en quién soy hoy, por hacerme una mejor persona que valora lo importante.

Gracias por los nuevos valores y hacerme ver que cada nuevo día puedo ser una versión mejorada de mí misma.

6

Tomo aire para ver si puedo sobrevivir de esta y lo único que mi cuerpo sabe rescatar es una indiferencia ambiental que inunda violentamente mis pulmones. Un tsunami de fuerza diez me golpea, como si me atasen una soga al cuello, haciendo que las lágrimas salgan cada vez con más facilidad y en donde los pensamientos afloran de un momento a otro sin discreción alguna.

Todo me aturde, me sacude impulsivamente. Todo esto es muy brusco, muy súbito.

Me veo en la necesidad de evadirme. Necesito correr. Necesito escapar. Necesito desesperadamente fugarme de todo esto. No quiero oírlo más. Necesito que esta incertidumbre tan intranquila se marche.

Quiero despertar de la pesadilla en la cual llevo metida tiempo. Quiero redescubrirme. Quiero encontrarme de nuevo, porque mi espíritu interior exige más. Quiero abrir una puerta y saltar a algo desconocido, pero que sea compañero.

Quiero salir ilesa, intacta, sin magulladuras, sin heridas, pero con cicatrices. Unas cicatrices que me recuerden todo lo vivido y aprendido.

Quiero ser mi mejor amiga de nuevo, y ayudarme, ayudarme para que los pensamientos intrusivos no me lastimen y no decaer más. Quiero volver a ser una nueva yo que no quiera irse más.

7

No sé cómo pretendiste volver del pasado, así sin más, como si nada hubiese pasado. Tú, a quién no necesito llamar en vocativo, tú, que preferiste la mentira ante la verdad y la tristeza ante la alegría, "vuelves". Tocas la puerta queriendo entrar, pensando que todo el daño causado no existe y como si no hubieras estado ausente durante todo este tiempo.

Pretendes que todo esté igual que antes, cuando sabes que no se asemeja ni en un uno por ciento. Haces acto de presencia sin medir la magnitud de tus actos. Pretendes saber, conocer y existir, pero lo único que realmente haces es crear una atmósfera llena de tristezas, de dolor en las entrañas y un corazón aplastado por el recuerdo. Tú, una persona enmascarada por la cobardía y movida por la apariencia, te enfundes en la ejecución de hacer un papel.

¿Por qué haces todo este circo ahora? ¿Por qué?

Mira ¿sabes qué? Ese papel que tú estás haciendo se convertirá en cenizas porque no te quiero recordar más. Sonará cruel, sí. Parecerá odio, también. ¿Pero sabes lo que verdaderamente es?

Decepción.

8

Vamos por la vida aprendiendo con cada acto que nos sucede. Y hay uno de esos actos que está automatizado cuando no se debería. Él es el pensamiento intangible pero sólido de estar siempre. Sí estaremos siempre, aunque no para todos; pese a que nuestro sentimiento ingenuo nos empuje siempre al sí. Aprenderemos con quién, pero eso constituye un largo camino; ya que hay ciertos momentos que no avanzan, así que debemos aceptarlos y dejarlos marchar. Y ahí, es cuando el desaprendizaje toma el rol principal, y le acompaña un nuevo aprendizaje; para así convertirnos en más humanos.

Porque el verbo es *estar*, y no *ser*.

Y yo siempre estoy, a ver cuando te das cuenta.

9

Y fue en ese momento, en el que ella se dio cuenta de que se había deshecho del último amarre que la tenía presa. Ese amarre que ya no existía significaba que por fin se despojaba de terceros, para ser simplemente esclava de sí misma.

Ella ahora sentía que podía hacer todo lo que quería, lo que deseaba, con sus derechos, sin órdenes y con pocos deberes, en los momentos indicados y queridos, sin prisas, pero sin pausas, en sus tiempos deseados; pasando a ser de ella misma y de nadie más.

10

Muchas gracias por todo querida estrella. Me has enseñado que el número 28 no es mentira, sino verdad. Que preguntar no es curiosear sino asegurarse. Que un centenario es poco tiempo. Que la vejez no significa canas sino sabiduría y belleza sabia. Que la vida tiene altibajos, así como buenos momentos. Que no es dinero, sino vocación. Que sonrisa significa alegría. Y familia, y felicidad. Que no es carácter, sino temperamento. Que la rosa significa tu mes, y por lo tanto tu recuerdo imborrable. Que la conexión trasciende mundos astrales y paralelos. Y que tu vida significa un libro del cual debo aprender. Gracias, siempre.

11

La muchacha es el ser racional personificado que evidentemente se rige más por la razón que por la sensación, pero que es más de alma que de cuerpo.

Ella es quien descarta la aventura, pero se aventura a observar.

Puede que ella parezca una persona muy pensativa, pero es más de reflexionar, de las que quiere llegar a una conclusión que le haga avanzar.

Lo de ser espontánea no va con ella, porque le da picazón, pero le encanta eso de ser muy impredecible en los momentos más oportunos.

Uno de sus fuertes es la serenidad que muchas veces la aparta del resto, haciéndola sentir muy incomprendida; pero como la coherencia es otro de sus fuertes, eso no le crea ningún daño.

De tener que definirla, es de esas personas éticas que actúan con mucha sensatez y con un corazón puramente inocente, risueño y noble.

12

En ocasiones siento que me encuentro a miles de kilómetros de ti, como si el mismo océano se encontrase entre nosotros. Siento que no vamos a la par, que vamos a diferentes velocidades que no consiguen compenetrarse. Siento, que, de un momento a otro, todo estalla, porque vivimos sobre una bomba de relojería constante. Siento que no te siento. Que no te veo. Que no te escucho. Que no te entiendo. Que no te encuentro, aunque te tenga a mi lado. Pienso que quieres escapar, aunque ya te veo huyendo. Veo que las dudas te brotan, y en vez de enfrentarlas, corres, corres como si la vida te fuera en ello. Y son en todas esas ocasiones en las que me cuestiono si valiese la pena un abrazo, una caricia, un beso o un *te quiero*; aunque eso fuese en la distancia más lejana.

Pero después, hay momentos en los que ni un centímetro cabe entre nosotros. Y esas miradas que hablan alto, con esos te quiero silenciosos. Y esas caricias, con esos abrazos al corazón, veo que valen la pena, una y otra vez. Que esas son las cosas que nos mantienen a flote en esto, que no es vano, que sí es real.

Y siento de nuevo, ya sea a kilómetros o milímetros de ti, que estamos juntos igualmente.

13

Aterroriza a muchos, aventura a otros. Es como tirarse al vacío sin red de seguridad, pero con un desenlace bonito. Donde mucho se gana y mucho se aprende, aunque algunos piensen que mucho se pierde. Es mejor hacerlo para tener un buen recuerdo, y no quedarse en la intriga de pensar qué hubiese pasado. Es como tomar un medicamento sin leer los efectos secundarios. Como cruzar la calle sin saber a ciencia cierta el destino. Como teclear un número sin saber el destinatario. O como enviar un mensaje sin saber la interpretación de la otra persona. Es como ir cuesta abajo y sin frenos. O colina arriba sin arnés. Es como conducir en reserva. O nadar entre tiburones. Es como pensar una cosa, pero querer hacer otra.

Son todos esos pensamientos los que nos hacen no tirar la toalla e intentarlo.

Posdata: arriesga(te)

14

Y hoy por fin, vemos que todo está marchando. El color morado está bien alto ondeando, con el puño en alto como símbolo de la revolución.

Ya empiezan a disiparse el miedo y el silencio que deambulaban por las calles.

Ya no hace falta memorizar nada. No hay necesidad de avisar nada.

La confianza y el equilibrio retornan, el incendio no es más que restos y el agujero se está cerrando.

Sí hermanas, por fin se está cambiando el rumbo.

15

Estamos ante esto otra vez. Solos, sin compañía, simplemente nosotros ante el peligro. El peligro que corresponde la vida. Aquí estamos una vez más, tú, él y yo; la cabeza, el corazón y el cuerpo. Aquí nos encontramos cuando la torre empieza a vibrar como viento huracanado. Sus bases se empiezan a desmoronar, casi dejándonos como escombros.

Pero sabemos coger la fuerza individual de esa soledad que muchas veces abrazamos y que nos acompañó. Esa soledad que tanto nos enseñó, con todo su amor propio, aprendizaje y autoconvencimiento. Autoconvenciéndonos de que podemos desarmarnos, rearmarnos y seguir adelante; y todo eso, por sí solos. Creando así, un fuerte muy fuerte.

16

Abro los ojos y te veo en cada canción.

En cada grano de café.

En la nevera cuando preparo mi desayuno.

En cada aroma que tienen mis velas.

En cada cruce que hay en la calle.

En el pasillo de los dulces del supermercado.

En mis caminatas al bosque.

En las notificaciones de mi pantalla de bloqueo.

En cada conferencia a la que asisto.

En cada libro que leo. O en cada película que veo.

Te veo en tantos sitios y a la vez en ninguno, que ya no sé distinguir si es una señal, una imaginación o la realidad.

17

Soy esa persona que estoy dispuesta a abrazarme. A quererme. A hablarme. A batallar a los fantasmas. A pensarme. A firmar conmigo misma un pacto de paz cuando la mente nubla y me convierto en mi peor enemiga. A confiarme. A entenderme. A perderme para encontrarme. A descubrirme y a redescubrirme. A sobrepasar sobre los miedos. A escucharme. A ser mi kit de supervivencia en una isla cubierta de dudas. A ser mi propio salvavidas en el naufragio emocional. A anteponerme primero. A ser mi arnés en mi salto al vacío. A ser mi mejor aliada. *Self-love darling.*

18

Somos como moléculas sustanciales de hadas. Moléculas de estrellas o moléculas estrelladas. Moléculas embrujadas por cataclismos, o maravilladas por los momentos. Moléculas aprendices. Moléculas de agua y aceite, aire y fuego. Moléculas en suspensión; suspendidas por alguien, suspendidas por algo. Moléculas en tensión, pasión y fusión; en evolución y transformación. Moléculas rosas, grises y negras. Somos moléculas humanizadas en proceso de construcción. Lo mismo somos todo que somos nada.

19

Cuántos miedos disparan tus ojos.
Cuántos sueños esconden tus ojos.
Cuántas verdades muestran tus ojos.
Cuántas ilusiones arropan tus ojos.
Cuánto temor se divierte en el patio de tus ojos.
Cuántas perspectivas juegan en tus ojos.
Cuánta pureza viaja en tus ojos.
Cuánta confianza inspira tus ojos.
Cuántas reflexiones comparten tus ojos.
Cuánta alegría y felicidad brilla en tus ojos.
Cariño, tus ojos son mucho más que iris y retinas.

20

Todo lo que ahora escribo aquí va dedicado a ellos. Todo esto va dedicado para los señores *Vértigo* y *Extraño* y para doña *Incertidumbre* también. Para lo desaliñado de antaño. Para las inseguridades más seguras. Para las palabras hirientes que dejan a muchas personas malviviendo. Para todas esas mentes retrógradas. Para todas esas acciones arcaicas. Para todos esos "no podrás", "no lo conseguirás", "eso no se te da bien", "mejor déjalo", "no merece la pena que pierdas tiempo en eso". Para todos esos ojos llenos de odio y envidia. Para quienes destilan repulsión por sus poros. Para todas esas manos llenas de antipatía. Para los que se creen superiores. Para los abanderados de las fobias que machacan a la sociedad a cambio de un minuto de gloria. Para los figurantes cómplices de acciones destructivas.

No entiendo como todas esas cosas temporales han podido vivir tanto, ya bien lo cuestionaba Góngora "para ser tan breve, ¿quién te dio vida?"

Pero he decidido que este teatro se cierra para siempre, porque, aunque a veces nos hagamos pequeños ante todas esas mierdas, ya no les voy a dejar aparecer, ni mucho menos suceder.

Comienza la revolución.

21

Somos flores, y el resto, se convierten en abejas.

Como las flores, nacemos, crecemos y florecemos. Pero a veces también surgen caídas, marchitándonos a ratos, y se nos olvida que el verbo *regar* está disponible.

22

Escribo desde la orilla para que la ola más mortífera no me lleve con ella. Escribo en la oscuridad hasta que Morfeo decide que ya es hora de irse a dormir. Escribo desde la soledad que más me acompaña. Escribo lo que mi cabeza piensa en alto y escupe. Escribo lo que mi cuerpo siente. Escribo para entenderme, para componerme. Escribo para ayudarme, para enseñarme, para liberarme. Escribo desde el sí y desde el no. Desde el quiero y no puedo. Desde el puedo, pero no quiero. Escribo desde lo más profundo hasta lo más externo. Escribo desde lo más circunstancial y mundano, desde mi fondo más humano. Escribo porque hablo más que callo, y porque callo más que hablo. Escribo desde el miedo que me hacen sentir las indecisiones. Escribo donde me lleva el viento y me para el muro. Escribo arrastrada por la brisa. Escribo cuando las musas me visitan.

Y no sé si escribo desde los fantasmas que tengo en el estómago, desde los pensamientos que viven en mi mente o desde las emociones que tengo en el corazón. Lo que sé, es que escribo desde mí y eso es lo que me importa, para saber que puedo vivir.

23

Mírame, no soy la misma, pero es que tú tampoco lo eres. Y mañana tampoco seremos los mismos, ni pasado, ni al otro, porque cambiamos con el día, versionamos.

Pero está en nosotros mantener la esencia, esa que nos define, y nos hace ser, con el único objetivo de modificarla si es a mejor.

24

Viaja a mil por hora y otras veces se torna a la velocidad de una tortuga. Casi siempre se encuentra en otra dimensión porque va un paso por delante del resto. Piensa, reflexiona, sueña y crea. No se trata de puro arte, sino de arte puro. Es algo innato a la par que peculiar.

Es capaz de destruir, de arañar, de rasguñar, de debilitar, de estancarse. Pero también sabe volar, dimensionar, quedarse, permanecer y evolucionar.

Desborda palabras, pero es muy personal. Está llena de verdades y oportunidades, pero también de fantasías e imaginaciones. Vive basándose en el recuerdo para avanzar hacia el futuro.

25

Sé que soy yo.

Sé que eres tú.

Sé que somos los dos.

Somos quienes estamos. O quienes lo hacemos parecer.

Pero en verdad, ¿a dónde nos lleva todo esto?

Porque saber, no arregla nada, o no hace que ocurra nada más allá de la incertidumbre.

Vamos a dejarlo así, porque aquí saber, no es suficiente.

26

Éramos todo, o eso creía yo, y al final acabamos siendo nada. Algo completamente extinto.

Nuestras vidas surgían del otro, porque éramos fuente de inspiración, energía, motor, amor. Y es que me di cuenta de que viví enjaulada en una mentira durante un largo tiempo.

Cuando te fuiste, un gran abismo me rodeaba, un cataclismo emocional me abrazaba y yo me sentía con el riesgo de que saltaría un acantilado. Yo sentía, que, de un momento a otro, mis lágrimas me empujarían a saltar ese acantilado y que lo que pasaría después, nadie lo sabría. Ni tú, ni yo, ni el mundo; nadie.

Ahora sé, que alejarnos fue lo mejor que me podría haber pasado. Ahora sé, que alejarse era la mejor decisión.

27

Discúlpame cuerpo por esto.

Lo siento cabeza por esto.

Me tocó ser parte de la humanidad.

Aun sabiendo todo lo que he tenido que pasar, hay miradas y palabras que me salpican, me chocan y explotan; por dentro y por fuera. Ni un costado se salva. He pasado tantas veces por el dolor, que ya nos conocemos, nos hemos vuelto íntimos.

Discúlpame cuerpo por esto.

Lo siento cabeza por esto.

Me tocó ser parte de la humanidad.

No voy a dudar más de ustedes.

Prometo que sobre todo eso voy a vencer.

28

Recuerda que esto a lo que le llaman vida no es una prueba piloto.

29

Desalójame.

Desalójame el corazón de sentimientos malos.

Desalójame el alma de emociones negativas.

Desalójame la mente de fantasmas y monstruos que campan a sus anchas cual transeúntes.

Desalójame del abismo en el que me encuentro cada vez que dudo.

Desalójame del acantilado al que recurro cuando las incertidumbres me vienen a visitar.

Desalójame del océano en el que me ahogo cuando las lágrimas toman el mando de la situación.

Desalójame de la indecisión a la que acudo cada vez que pienso más de la cuenta.

Desalójame de todo eso por favor, porque presiento que me convertiré en un cataclismo difícil de parar.

Prométemelo, prométeme que me desalojarás de todo eso, o mejor aún, no me lo prometas, solamente haz que suceda.

30

Polos opuestos que no solo se atraen, sino que también se complementan sin dejar de ser uno.

Polos opuestos que se miran y se entienden.

Polos opuestos que oyen, sienten y captan el significado.

Polos opuestos que se enfadan pero que se comprenden.

Polos opuestos que naufragan y se rescatan, siendo el salvavidas al que agarrarse.

Polos opuestos con sus espacios, sus tiempos, sus defectos y sus virtudes. Únos polos opuestos que se acompañan y se apoyan.

Unos polos opuestos que improvisan y planean.

Unos polos opuestos que abatieron a los dichos, a las estadísticas y hasta a la misma ciencia.

31

Mente y cuerpo en estado alucinógeno de subordinación. Ambos subordinados a lo ajeno. A lo externo. A lo extremo. Al pánico. Al espanto. Al horror. Al susto. Al desasosiego. Sometidos a lo interno. Al pavor. Al temor. A la indeterminación. Al interrogante. A las sombras y sus ataques.

¿Lanzados a dónde? ¿Impulsados a dónde? ¿Disparados a dónde? ¿Cegados por quién? Andan solos, pero guiados. A todo eso. A todo ello. Por todos ellos.

Verdaderamente a lo único a lo que quieren precipitarse, es a la insubordinación. Una insubordinación de mente y cuerpo liberados de todo y por todo.

32

Tomo asiento, respiro hondo y abro mi mente. Miles de sensaciones salen, se expanden y brotan, siguiendo un camino bastante sinuoso pero determinado. Me leo. Leo los razonamientos, conceptos y reflexiones que rondan mi intelecto. Me veo. Veo como muchos aspectos -positivos y negativos- forman parte de mi ser. Contemplo todo, veo como florezco y me marchito, me marchito y florezco, una y otra vez, ambas con la misma intensidad; algo puramente intrínseco.

33

Martes 13.

La cabeza en llamas.

El estómago que arde.

Me convierto en dragón.

La mente es gasolina.

Y el alma su cerilla.

Juntas, un gran incendio.

Me quemo por dentro, me quemo por fuera.

Los ojos lloran carbón.

Las manos son una mecha prófuga de la justicia.

Las piernas son pura pólvora, primas hermanas de un volcán.

Me quiero abrazar, pero me abraso. Nado en brasas. Me ahogo en combustible. Todo lo que hay es una hoguera inflamable.

Me pido a mí misma autocompasión, mi cuerpo pide extinción, pero me convierto en cenizas.

Resurjo.

Encarno al ave fénix.

Vuelvo a volar alto y de una manera determinada.

Ya no es martes 13.

34

Me escabullí de todos. Me fugué de todo. Escapé. Hui. Fui sin rumbo, sin destino, mis pies andaban solos. Me perdí. Me extravié en la vida. Y no solamente me perdí, es que no me encontré. Caí hondo, demasiado. Me ahogué. No nadé. No pedí ayuda. Tampoco la supieron ver. Fui a parar a un foso sombrío, oscuro de dolor. Todo lo que visitaba era opaco, totalmente turbio.

Perdóname cuerpo por haber dudado de ti. Perdóname cabeza por haberte dejado pensar más de la cuenta.

Ahora sé que volví a ser yo. Volví. Fue un proceso. Me reconcilié conmigo misma.

35

Una combinación química de incomprensión, arte e independencia. Movida por el aire. Guiada por la mente. Empujada por las sensaciones. Aporreada por la introversión y observación. Encasquillada por las emociones. Atrofiada por la impotencia.

Así es alguien. Y creo que ese alguien soy yo.

36

Miro por la ventana y veo cómo a pesar de las tormentas, lluvias y huracanes.

De las borrascas, nevadas y heladas.

De los vendavales y ráfagas.

De los fantasmas, diablos, dragones y monstruos.

Y de los miedos, dudas e incertidumbres.

Veo que, pese a todas esas cosas que habitan en mí, te quedaste.

Y ahí fue cuando supe que eras tú, que siempre lo habías sido desde el minuto uno, y que lo serás por y para el resto de la vida, la nuestra.

37

La cuestión es que éramos diferentes pero compatibles. Encajábamos de una manera extraña y peculiar, pero encajábamos. Formábamos un magnífico puzle, pero sin dejar de ser individuos.

La cuestión no era el tiempo, la situación o el momento. Fuese lo que fuese, y ocurriese lo que ocurriese, sería contigo. No había duda alguna. Porque no era la cosa, o el hecho, era la persona.

Y esa persona; era, es y será siempre tú. Veníamos programados en otra vida para encontrarnos en esta. Ubicarnos uno al lado del otro, y descubrir lo que esta vida tendría preparado para ambos.

Serás siempre tú, en esta vida, en la pasada, en la próxima, y en todas las que nos quedan por vivir por el resto de la humanidad.

38

Calma, necesito calma para poder seguir.

Tranquilidad y paz es por lo que pregunta mi mente.

Necesito que los silencios vuelvan a ser agradables, amenos y melodiosos. Pero van atornillando, un día sí y al otro también, sin parar.

Tengo incrustada en el cuerpo una costumbre que me agota, que me exprime y me absorbe. La mente se satura y cuando dice *basta*, el cuerpo para y se cae. No da de sí.

Si alguien me está escuchando, pido auxilio para poder volver.

Volver atrás, o volver hacia adelante, pero no quedarme aquí.

No sé quién necesita más de quién, si yo al retiro o él a mí.

Pido a gritos, y también en silencio, serenidad. Que todo se serene.

Calma, necesito calma para poder seguir.

39

Llega de la nada para volcarte el cuerpo, el alma y el corazón, completamente a todo tu ser. Te explota en la cara, te salpica y te atraviesa la piel, siguiendo un camino intravenoso. Recorre todo tu interior llenando cada hueco, sanando cada zona perforada. Te mueve por dentro, te sacude por fuera y se aloja en tu corazón; atravesándolo, haciéndote sentir, llorar y emocionar. Te rompe en dos y te vuelve a juntar. Te hace viajar y retroceder. Te acaricia el alma y te reconforta.

Te quita vida, y te la vuelve a dar.

Te hace vivir.

40

Los vi partir, a los tres, marchar a otro lugar.

Decidieron partir, porque había que cerrar una etapa para comenzar una nueva.

Atrás dejaban una vida llena de entendimientos, aprendizajes, apoyo y miedos, muchos miedos.

Ahora, emprenden una nueva etapa. Una que será igual que la anterior, pero mejor aún, porque esa felicidad que empezaron a crear ahora será plena.

Ahora les esperaba un hogar.

41

No dices, haces. Y eso es lo que me hace pensar que no hay nadie que te iguale. No hay nadie como tú. No hay nadie comparable a ti.

Y en verdad, si te soy sincera, me aterra y me alegra a partes iguales.

Porque no sé si es bueno, malo, o qué es.

No sé si todo esto será un pensamiento adecuado.

Solo sé que de momento quiero que estemos a nuestro lado.

42

Son las cuatro de la tarde y haces acto de presencia varios años después. Y a mí lo que me engloba es un estado de incoherencia.

No sé si reírme o llorar, aunque sé que lo segundo no va a pasar.

Llegas, de nuevo, mendigando permiso para entrar. Y no, no te voy a dejar pasar.

Decirte que este jueguito tuyo de falsa importancia no te va a funcionar. Conmigo no.

Vete a otro lado con tu caridad. Mírate de verdad, sabías desde el principio que esto no iba a funcionar.

Adiós, fue bonito hacerte ver la realidad.

43

Siento que vivo libre como pájaro que surca el cielo, como avión que pilota entre nubes, como aire empujado por el viento y como ola sin responsabilidad.

Otras veces, siento que vivo como un conejillo de indias, como parte de un experimento social, apresada dentro de mi propia libertad.

Siento que ese es el mundo en el que vivo y no me gusta nada sentir eso.

¿Y tú? ¿En qué mundo sientes que vives?

44

Ella sabe muy bien que vive de manera totalmente diferente al resto, es consciente de ello, no hace falta que nadie se lo diga.

Ella es la niña que siente la vida de otra manera, siente la vida tan diferente que siente que no la comprenden. Nadie.

Pero ella los manda a callar, porque son ellos los que no comprenden, porque no entienden la vida. Solo la viven, así, sin colorantes ni conservantes.

45

Desde esta tinta y papel, después de muchos años, te pido perdón. Mi mente me ha obligado a escribirlo, para sanarme de un pensamiento pasado.

Siento la necesidad de pedirte perdón. Perdón por cada momento incómodo que te hice pasar, por cada palabra dicha que no tenía contenido ni mucho sentido hacértelas saber. Creo que directa e indirectamente, ambos fuimos víctimas de la situación. Una situación llevada por la vulnerabilidad más frágil. Y la cual, la persona culpable, supo aprovechar al máximo.

Perdón por no haber sido yo en ese momento, y nunca haberlo sabido.

Perdón por no haberme dejado llevar por la sensatez.

Pero también gracias, gracias por haberme hecho ver la realidad.

Perdón, y gracias, a ti, siempre.

46

Veo que a alguien le gusta mucho jugar con fuego,
y no se da cuenta de que se va a quemar con el tremendo incendio que se aproxima al doblar la esquina;
y no voy a ser yo, no,
yo no me voy a quemar.

47

De vez en cuando viene bien caerse en lo más profundo del abismo -tirarse incluso de cabeza si es necesario- si eso quiere decir que despejaremos la mente de los pájaros de la duda, para así levantarnos y resurgir como el ave fénix.

Y hay ocasiones, en las que mientras te encuentras en ese abismo, hay personas que te tienden la mano. Y dudas, una vez más, no sabes si apoyarte en ella o aprender por ti misma. No sabes qué será lo mejor, o si será mejor. Y es ahí cuando aprendes que no está de más una ayuda.

Y avanzar, siempre avanzar querido humano.

Y que no,

que no estamos solos.

48

Les dices que soy todo, que soy alguien.

¿Para qué? ¿Con qué fin?

Si con tus actos me haces ver que no soy nada, que no soy nadie.

Piensa que por mucha negativa que haya como consecuencia, soy humana, igual que tú.

Que siento igual que tú,

que padezco igual que tú,

sí, es verdad que vivo diferente a ti,

pero me rompo más que tú.

La distancia que haya el día de mañana será mi salvavidas para futuras roturas del corazón. Ese que se hace añicos debido a ti, y que él solito vuelve a juntarse, cachito a cachito, porque no le queda otra.

Quiero decirte que mi corazón ya no siente por ti. Ya no vive por ti.

Incluso mi mente ya no piensa en ti. En ella ya no habitas.

No te voy a decir lo siento, porque, es que ya no hay lugar para ti.

49

Saco la bandera roja para que te des cuenta de que esto es una revuelta.

Que somos las hijas de la revolución.

Que no hay bandera blanca porque no existe la subordinación.

Y que la bandera verde saldrá de paseo cuando la utopía se convierta en realidad.

Así que de momento a esto te vas a tener que acostumbrar.

Que te quede bien claro que no nos vamos a callar.

50

Dentro de su campo de arte y cuestiones, primero huye, segundo se encuentra, tercero renace.

Así es ella.

Con su propio método para sobrevivir.

51

Me niego a ser un objeto del sistema.

Me niego a ser personificación antes que persona.

Me niego a ser una etiqueta porque primero soy historia.

Me niego a ser un número antes que humana.

Me niego a ser rendición antes que rebelión.

Yo me niego, porque hace mucho tiempo que lo tengo claro.

¿Y tú?

52

No lo entiendo.

No sé por qué.

No sé por qué siento que ya te estoy echando de menos, incluso antes de conocerte.

No sé por qué este sentimiento me alberga, si no te he conocido.

O tal vez sí, en otra vida, de otra forma, te conocí;

y aunque mi mente no lo recuerde, mi cuerpo lo siente, te siente, y es por eso que ahora te echo de menos.

No logro saber quién eres, cómo eres, dónde estás.

Pero me voy a dejar llevar por las vibraciones para poderte encontrar.

53

Una vez me senté en la orilla de la playa, y dejé que el jugueteo de las olas chocase con los dedos de mis pies. Las gaviotas corrían, volaban y acechaban. Los peces nadaban, burbujeaban y hacían carreras.

Y mientras que la brisa me abrazaba el cabello, el marismo infundía mis fosas nasales, el mar inundaba mi mente, y el salitre impregnaba mi superficie cutánea de una manera emocional, ahí, en esa milésima de segundo, comprendí todo y nada.

Comprendí que las nimiedades son las que nos hacen vivir, pero a la vez las que nos pueden reducir la vida.

Ahí supe, que las cosas nimias son las mejores si tienes en cuenta la perspectiva.

54

Cuando veas que la ola que creías controlada te da en la cara, cuando veas que la sorpresa te levanta por los aires cual viento huracanado poniendo patas arriba todos tus planes y cuando veas que el revuelo intenta apropiarse de tu mente... recuerda que el trabajo, el esfuerzo y la dedicación prevalece. Que todo lo que es constante tiene sus frutos. Que de alguna manera u otra el universo apremia. Que la tortuga hizo caso omiso y siguió adelante.

Escucha solamente a tu interior, eso es lo único que importa.

55

Mira estas cicatrices que trazan caminos en mi cuerpo. Varias marcas cutáneas. Son senderos. Curvos, rectos y variados. Unos sin importancia, otros casi que me llevan de viaje inesperado.

Estas cicatrices son la muestra de que casi me voy, pero volví, porque al parecer San Pedro le dijo a las Valkirias que no me trajesen al paraíso que hay en la *afterlife*. Que ahí de momento no había hueco para mí.

Estas cicatrices no son recuerdos de batallas, ni de guerras, ni de luchas, porque no soy ni guerrera, ni soldado.

Soy humana.

Una humana que añade un plus a su vida cada vez que puede.

56

No sé si nos volveremos a ver aquí o en otro lado.

No sé si podremos vernos donde las cascadas caen y vuelven. Donde la vida surge y sigue. Donde la ola viene y va. Donde la vibración sube y baja, mientras que la sientes. Donde el presente adelanta al futuro.

Tal vez nos veremos en Reikiavik,

o en Lima,

o en Seúl,

o en Nairobi,

o en Wellington.

O simplemente en sueños.

Tal vez será ahí, el único lugar donde podremos estar juntos.

De momento, hasta pronto cariño.

57

Bastaba simplemente mirarte, sentirte, escucharte, verte, para saber qué sucedía dentro de ti.

Sí, eso era, lo supe, lo sé y lo sabré.

Simplemente bastaba estar a tu lado para poder entenderte, sin palabras de por medio, solo se necesitaba un compendio de sentidos.

58

Atrás dejaba el comienzo de mi vida.

Atrás dejaba una etapa de memorias, aprendizajes, y gente.

Atrás dejaba un hueco que siempre había estado lleno de vida y que ahora está lleno de eco.

Y ahora…

Ahora iba hacia adelante para continuar con mi vida.

Ahora comenzaba una nueva etapa.

Ahora tocaba rellenar este otro eco con vida.

Ahora tocaba hacer de este hueco, nuestro hogar, mi hogar.

59

Se clava en tu retina y no sale nunca más.

Se queda a vivir ahí para siempre.

Los momentos se almacenan en mi memoria y le doy al play cuando quiero revivirlos.

Las emociones fueron inyectadas y salen a flote cuando quiero volver a sentirlas.

Recuerdas como si fuera ayer, aunque haya pasado una vida en medio.

Se queda a vivir ahí para siempre.

Se clava en tu retina y no sale nunca más.

60

Tú ahí sentada.

sobre los granos de arena,

pero con la sensación de estar en un mirador que está sobre un acantilado,

ahí, a punto de caer.

Y mientras, la civilización que te rodea,

no se da cuenta de nada, ni de nadie,

va de un lado para otro,

apresurada, segada por la monotonía que atrapa.

La miras de frente

y entra en tu mente.

La ola que se agolpa.

La ola que no pide permiso.

La ola que no le teme a nada ni nadie.

Y así, sin más, y de la manera más de repente,

te renueva las energías

para tu nuevo día.

61

Hoy te abrazo.

Ayer te abracé.

Y mañana también lo haré.

No hay duda.

Casi nadie te quiere.

Casi nadie nunca te ha querido. Pero yo sí. Por alguna razón que no me voy a molestar en encontrar.

Todos te miran como si fueras la mismísima reencarnación de la caja de Pandora.

No entiendo por qué te rehúsan. Si eres bonita en tu estado más puro.

Aprendí y desaprendí tanto contigo, que ahora no contemplo una vida sin ti.

Ay soledad, ¡qué bonita eres!, y qué necesaria también a veces.

62

La casa vacía, eco absoluto.

La cabeza llena de juicios que vienen a atormentar.

Los ojos sollozan.

La sonrisa ya no está.

La angustia quema mi interior.

Las estoy escuchando zumbar. Ya se acercan. Por ahí vienen las abejas a sembrar el miedo. Una. Vez. Más.

Busco una puerta que poder usar. Querer escapar, no poder.

No me queda otra solución que convertirme en mi propio refugio, en mi propio búnker de salvación, en mi propia red de seguridad. Estar para mí, porque si no estamos para nosotros mismos, nadie más lo estará.

Si es que ya lo decía Rupi Kaur, somos nuestro propio *home body.* Como los caracoles con su casa a cuestas. Nos volvemos nuestro fuerte más fuerte.

Somos puente entre corazón y mente. Somos quien nos mantiene vivos.

63

Vas en la otra dirección,

una diferente al resto.

Nadando a contracorriente.

Un barco sin timón.

Los juicios que embriagan.

Los miedos que bailan.

La angustia crece y crece.

Así como crece el lamento, bajan los ánimos.

El cuerpo canaliza y exterioriza, y eso a mí me horroriza.

Y no, eso no me gusta.

Nada dentro de ti progresa.

No avanza, y cuando lo hace, no es la ruta correcta.

Mira todo lo que ocurre cuando no estamos en sintonía. Si no hay conexión, no somos nada ni nadie. Nos convertimos en dos componentes aislados.

Después de todo eso, sé que debo abogar por ti, hacer apología de ti, porque si tu no estas, yo tampoco estoy.

64

Allí se encontraban. Perdidos en la mirada del otro, sin saber todo el significado que traía consigo.

Allí se encontraban, envueltos por una atmósfera sinérgica.

Allí se encontraban, en el lugar donde las palabras no tenían cabida porque estaban cohibidas, por aspectos ajenos. Pero que, sin embargo, las miradas y los actos hablaban por sí solos.

Si, allí se encontraban.

Y así fue, como con el paso de los días, aprendieron que las palabras no eran quienes hacían a la persona, sino los actos y el lenguaje no verbal.

65

Vivimos reivindicando.

Vivimos manifestando.

Vivimos malviviendo.

Banderas y carteles.

Mensajes en neones.

Estigmas letales.

Estereotipos globales.

Juicios mentales.

Y líos monumentales.

Somos el futuro, pero no lo tenemos.

La precariedad guía la vida.

No te equivoques, porque esto no es rebelión.

Lo llamamos quizás revolución.

Sí, acabas de conocer la visión de nuestra generación.

66

Cuando ni mis palabras me sacaban a flote,
y yo me sentía en un mar muy vacío,
Volvieron.
Volvieron tus palabras.
Esas que creía perdidas por la vorágine de la vida.
Esas que, si el viento se las había llevado, hoy las ha traído de vuelta,
y esta vez, para quedarse.
De una manera inexplicable volví a reconectar contigo,
para volver a aprender.
Y el mismo viento que te trajo de vuelta, recorre cada poro de mi piel haciéndome llorar de nostalgia, porque tus palabras son mucho más que tinta y papel. Son sentido y conocimiento, empuje y fortaleza.
Como si estuviera sumergida en una nana literaria.
Gracias por convertirme en la niña de las palabras.

67

La tinta que siempre aparece.

La palabra que siempre acompaña.

Escribir para sobrevivir.

Escribir para no ahogarse.

Volver a escribir.

El ciclo que no tiene fin.

68

Capaz de crear luz en mis momentos más oscuros.

Capaz de ahuyentar a las abejas cuando vienen a sembrar el miedo.

Capaz de ser abrazo y paño de lágrimas.

Capaz de crear sonrisas en los momentos donde hay tristeza.

Capaz de permanecer junto a mi cuando la tormenta habita en mi cabeza.

Capaz de estar.

Capaz de ser.

Siempre.

69

Alejándose de esta sociedad tan desordenada.

Separándose de ese mundo, *porque siempre le duele de más.*

A marcha rápida hacia su retiro, *porque siempre le duele de más.*

Desviándose del camino junto a la soledad, *porque siempre le duele de más.*

Y se termina perdiendo entre tanto dolor, que siempre acaba encontrándose frente a la orilla, con olor a acantilado, con sabor a refugio.

70

No cariño, la vida no se me puede ir amándote, porque si se me va amándote, entonces, cuando no estás ¿qué sucede conmigo? ¿cómo vivo si no hay vida? ¿si no está mi vida?

Si no hay un "yo", no me queda vida para vivir.

Y yo quiero vivirla.

Capítulo III.

Florecer

1

Me cansé de ser la misma de siempre.

Me cansé de ser la que siempre está para todos, pero para la que nunca están. Me cansé de ser el oído de todos y solo recibir silencios cuando soy yo quien necesita una escucha.

Me cansé de ser los mil consejos para dar, pero la que nunca recibe ni un mísero saludo como respuesta.

Me cansé de ser la chica lista, la que sabe de todo, pero en verdad nadie tiene en cuenta el valor de esos conocimientos.

Me cansé de ser la doña perfecta e inmaculada que todos piensan que soy. Me cansé de ser la que no hace nada cuando realmente lo hace todo.

Me cansé simplemente de ser otra en la que me habían convertido y yo no quería, pero sin embargo, dejé que sucediese.

Me cansé de ser algo que realmente no era para ahora no cansarme de ser yo.

2

Es maravilloso poder enfrascarse durante un periodo de tiempo a través de tus historias. La gran oportunidad que se presenta cada vez que me adentro en ellas siendo una más.

No hay nada más bonito que tu longevidad jovial, poder marcarte, disfrutar de cada palabra que expresas. Tu mayor encanto viene siempre de la mano de los clímax o de los descensos inesperados, que culminan con sucesos dignos de enmarcar.

Sin duda, el mejor viaje es poder ver el mundo a través de ti.

3

Me asomo a mi pequeña ventana y el cantar de los grillos se entrelazan armoniosamente contigo, con tus pequeñas pero resonantes melodías. Eres tú en tu estado más álgido, en tu estado más natural.

Tu olor, ese indescriptible olor a ti, me recorre cada centímetro de mi cuerpo como una brisa rebelde y libre.

Eres ese cálido azul esmeralda que está ondeando las 24 horas durante toda la vida. Ese azul inquieto, que no para ni una milésima de segundo.

Sin verte, transmites mucho. Solamente con pensarte, un hormigueo recorre cada recoveco de mis vértebras. Y cuando te veo, me llenas de paz. Esa paz que muchas veces no tengo y tú me sabes dar. Juntos creamos una conexión inexplicable de pureza.

Eres majestuoso, muy sabio, pero, sobre todo, astuto. Si nos adentramos en ti, con delicadeza, cariño y con sigilo nos curas, nos liberas y nos llenas de vida; esa misma vida que eres capaz de arrebatarnos si no te apreciamos.

4

Éramos dos locos que corrían por cada callejón sin salida aquel nublado día. Dos locos que se bebían la vida como si no hubiese un mañana. Bailábamos al son de las conversaciones callejeras. Reíamos al son del tiempo y sin mirar atrás. Saltábamos de alegría con cada claxon. El anochecer se acercaba y la lluvia nos sorprendía, como cuando la vida nos hizo encontrarnos aquel día.

Y en ese momento es cuando te vuelvo a encontrar. Te miro y veo como dos órbitas color café acarician afectuosamente cada parte de mi ser en el momento en el que más lo necesito. Cierro los ojos cuando tu suave y caluroso aroma abraza mi pálida piel, y yo, un tanto nerviosa, dejo que mi corazón reciba tu abrazo; ese que tanta calidez y seguridad tiene en él.

5

Allí donde el fresco verde me llama.
Allí donde sé que puedo ser yo.
Allí donde sé que soy capaz de todo.
Allí donde la cálida nieve me arropa.
Allí donde puedo encontrarme si estoy perdida.
Allí donde puedo descubrir y redescubrir.
Allí donde mis órbitas marrones deciden achinarse al reír o arrugarse si quieren llorar.
Allí donde mi mente piensa y mis pies andan sin destino.
Allí estaré, si sabes buscar.

6

Vivo entre poesías y prosas. Entre melodías y silencios. Entre rocas y olas. Entre ruidos y derrumbes. Entre brisas y alisios. Entre músicas y culturas. Entre catástrofes y epidemias. Entre volcanes y lava. Entre sucesos y palabras. Entre países e idiomas. Entre discusiones y risas. Entre hadas y dragones. Entre sueños y acontecimientos. Entre fantasmas y demonios. Entre bailarinas y cantantes. Entre películas y series.

Vivo una vida que vive entre la ficción y la realidad.

7

Me gusta cuando tus ojos color café me miran y conectan con mi mente sin la necesidad de mediar palabra, porque mi boca ha decidido quedarse muda.

Me gusta cuando vienes con tu barco a rescatarme cada vez que naufrago en el Pacífico.

Me gusta cuando sabes pausarme en el momento adecuado porque me he acelerado como un vendaval.

Me gusta la fusión tan inusual que creamos cuando estamos juntos, como dos imanes opuestos que se buscan armoniosamente.

Me gusta cómo comprendes cada una de mis palabras y acciones de la manera que nadie sabe.

Me gusta que los momentos más ordinarios son los que se convierten en los más extraordinarios.

Me gusta cada vez que decides dejarme entrar en tu mundo interior para entenderte un poco más.

Me gusta tu cálida manera de auxiliarme cuando mi cabeza está en llamas a punto de explosionar como si de una bomba nuclear en Chernóbil se tratase.

Me gusta la manera tan clara en la que me miras.

Me gusta la manera tan bonita que tienes de acompañarme, de estar y de apoyarme en los momentos en los que ni yo misma sé quién soy.

Me gusta cómo te anexas junto a mí cuando estoy en mis momentos de completo desamparo.

Simplemente, me gusta que seas tú.

8

Eres como mi isla de desconexión en cada circunstancia incierta.

Eres como mi analgésico ante cada nerviosismo repentino.

Eres como mi vía de escape cada vez que mi ser racional ataca más de la cuenta.

Eres el oído que escucha cuando estoy a corazón abierto, pero con la mente completamente cerrada.

Eres los ojos que escuchan cuando pienso en alto sin decir palabra.

Eres simplemente estando.

9

Me es tan grato saber que les tengo. Poder contar con todas esas personas. Tenerles de manera emocional es muy satisfactorio. Con cada momento, palabra, acción, me doy cuenta de lo bendecida que soy. Como una bendición caída de algún árbol, como la manzana de Einstein. Son como el tesoro valioso de un barco pirata. Son mi zona segura a donde poder ir si la duda me confunde. Son mis guías si alguna vez me pierdo en el camino, guiándome, cual Valkirias al Valhalla. Son la inyección de serenidad que necesito si la tormenta gobierna mi cabeza. Son el mejor paño de lágrimas que consuela mis penas. Son la adrenalina en vena si la aventura llama la puerta.

Son mi bien más preciado, y pese a que en ocasiones lluevan relámpagos entre nosotros como si la misma caja de Pandora se hubiese abierto, sé que es para bien, para el desarrollo, para ser cada nuevo día una versión más mejorada.

10

En ese sonido del timple que te hace soñar despierto entre tabaibas sedosas como nubes de algodón. En esas tuneras que tantos secretos esconden en ellas. En esas chácaras que levantan a todos haciéndolos bailar a su son. En esos repiques de campanas que anuncian las fiestas y te llenan de ilusión. En esas palmeras ondeantes al ritmo de los alisios. O en esas plataneras que con tanta hambruna acabaron. En las zonas volcánicas que cuentan historias en ellas, así como en esos paisajes naturales que ahora crean nuevas historias que trascienden las fronteras.

Así como nuestro mar que nos abraza y que surca las olas del océano Atlántico, ese que dirigió a miles de personas hacia nosotros, para acogerles como somos, buenos embajadores de la buena vida, pero sobre todo de la vida buena. En esa papa arrugá con mojo, ese pescao salao, ese sancocho que te sacude por dentro como el folclore que suena siempre. En ese sitio donde se dice *muchacho* y no *muyayo*. En ese día emblemático para nosotros, en el que celebramos con más orgullo nuestro espíritu propio.

Ahí, entre todas esas cosas, he tenido la suerte de nacer y crecer yo.

11

Te observo detenidamente y todo lo que obtengo de ti es bueno. Aprendo que debo escuchar a los demás. Que debemos entenderles. Que debemos ayudar. Que de una cosa pequeña se hace una grande. Que los momentos son para reír. Que los abrazos son sanadores. Que la vida es resiliencia. Que la familia es para compartir y vivir. Que tu risa es vida. Y tus ojos luz en el camino. Que tus historias son enciclopedias.

Que tus palabras derriten el corazón de dulzura. Que tu mente es entendimiento. Que tu alma esconde una bonita niñez.

Me enorgullece saber que todo eso eres tú, y yo me voy a encargar de que ningún monstruo lo destruya.

12

Sé que nunca te voy a olvidar. Sé que nunca te vamos a olvidar. Creo que nunca te fuiste, simplemente cambiaste tu apariencia. Siempre has estado, y por ende nunca desaparecerás. Nunca te he dejado aparcada en mis pensamientos durante todo este tiempo, así que creo que no lo haré jamás.

Vivirás siempre en mi mente, en mis recuerdos, en mi retina, en mis fotos y en mis textos. Y cuando te lea(n) no solo seguirás viviendo, sino que revivirás y renacerás una y otra vez; en un bucle infinito. Volviéndote así una persona mortal y humanamente inmortal, que no se va. Brotando como una flor. Resurgiendo como el ave fénix. Resucitando como cada árbol tras el frío invierno.

Eres una persona que se queda y permanece. Una persona que siempre vivirá, y las letras serán testigos de tu continuo renacimiento.

13

Ese cuerpo que pide un bonito refugio sobre el tuyo. Unos besos que erizan la piel y que se consumen porque saben a sirope de caramelo. Unas manos que encienden, unas manos que incendian. Ambos cuerpos se juntan y crean una munición a punto de explotar. Dos cuerpos que se enfundan en uno. Una caricia pasional. Un suspiro que vibra por dentro y resuena por fuera.

Las manos encendieron todo, y ahora, la habitación arde en llamas, pura brasa; mientras que por dentro ambos cuerpos están recubiertos por fuegos artificiales, cual año nuevo en Sídney.

Todo está descontroladamente controlado.

Todo es como un hechizo explosivo correctamente fusionado.

14

De un momento a otro decidí elegirte y ahora míranos, inseparables. Somos el uno para el otro, aunque más tú para mí que viceversa. Eres un recuerdo viviente que siempre baila alegremente en mi mente. Eres la nostalgia personificada cada vez que te pienso o te contemplo. Sin tu saberlo te convertiste en mi lugar favorito. Tu ocio y tu rutina se almacenan felizmente en mi retina.

Muchos sitios son casa, pero tú eres hogar. Me alojaste entre tus grandes brazos llenos de bonitas ramificaciones verdes. Me hospedaste entre tu cálida nieve, que más que frío daba momentos increíbles. Me diste más ganas de vivir de las que ya tenía. Me distes unas lecciones de vida impensables pero necesarias. Me diste el verdadero significado de la vida. Me distes un sinfín de emociones inexistentes en mí con cada instante vivido. Eres el azul y blanco más bonito.

Eres muchas cosas, pero sobre todo eres las ganas de reír, de sonreír, de existir y de vivir. Eres el sitio, que, con mucho placer, dan ganas de volver.

15

Aquí nos encontramos, dispuestos a emprender el mismo viaje que llevamos haciendo desde que decidimos nacer. Un viaje que siempre es el mismo, pero no. Un viaje listo que nos lleva a girar por el sol, un viaje que juega a la vida.

Una vida que enseña cosas y que conecta personas. Una vida que a veces se convierte en la partida de algún videojuego. Una vida que a veces nos quema como si nos hubiésemos acercado mucho al sol. Una vida que sabe y nos hace saber. Una vida que nos arroja y nos hace aprender. Una vida que nos hace vivir y existir. Una vida que no es un número sino momentos y personalidad. Una vida que nos maravilla e intimida a partes iguales.

Hay pros y contras en esa vida, pero ¡qué bello poder vivirlo!

Feliz vuelta al sol, ser terrestre.

16

Eres mi clave, sin ti, no tengo acceso a nada.

Naciste para enseñarme muchas cosas. Me enseñaste el verdadero valor del respeto, a apreciar los pequeños momentos y a celebrar los pequeños logros que para mí son grandes. Me enseñaste el valor de la diversidad y lo inclusivo.

Eres mi kamikaze en cada travesura, y mi ayudante en cada andadura. Eres más fuerte que muchos. Un ser resiliente donde los haya. Y el más valiente que todos. Eres risa y alegría. Por ti lloro más que por nadie si veo que algo no va bien, y eres a quien más festejo. Ser tu guía en esta vida es de las mejores cosas que me podían haber pasado. Contigo, cada minuto es oro. Contigo, siento que viajo en cada momento. Y vivo en cada palabra. Contigo pinto de color cada juego.

17

Vamos a chillar todo lo que no está escrito. Vamos a quedarnos en la calle hasta su amanecer, aunque eso signifique perder nuestro parecer. Vamos a cantar como si fuera un delito. Vamos a danzar ese baile maldito. Vamos a llorar para así no ahogarnos en nuestro propio mar. Vamos a vestir de tal manera que no nos puedan definir. Vamos a saltar hasta que nuestro sistema nervioso no pueda más. Vamos a olvidar lo legal y brindar lo clandestino. Vamos a reír, para que nos escuchen desde California a Pekín. Vamos a salirnos de la línea en ese dibujo de acuarelas. Vamos a pintar lo más subjetivo que exista en el mundo. Vamos a escuchar el canto de las aves, la rutina que termina y la fiesta que comienza. Vamos a sonreír porque no se nos da bien fingir. Vamos a bailar como si no hubiese un mañana. Vamos a caminar como no está permitido. Vamos a besar como algo prohibido. Vamos a hablar, largo y tendido, para así saber que nos hemos entendido.

Y vamos a vivir la vida que hemos dibujado.

18

Fiel peregrina de ti. Cada vez que escucho tu nombre, algo me produce un viaje más allá de lo astral. Eres un vuelco al corazón. Cada uno de tus lugares se convierten en cátedras. Eres una puerta a otra dimensión. Un puente que conecta dos mundos que colisionan, lo sensorial y lo musical. Y que obtiene como producto, un estallido de diferentes pigmentos con efectos narcóticos. Eres un gusto incontrolable, palpable, pero impronunciable.

19

Somos como la pólvora y la mecha. Los átomos inestables. La luz y la oscuridad. La noche y el día. El sonido y el silencio. La melodía y el ruido. Somos como el frío y el calor. El fuego y el agua.

Pero no me importa que seamos así, a mí me gusta cómo nos complementamos.

20

Cuando buscaba, no encontraba. Y ahora que no buscaba nada, encontré todo.

Nos encontramos.

Creo que estábamos destinados a ser. Bueno, creo no, lo sé a ciencia cierta. Pero sin destino de por medio. Nada de casualidades, todo lleno de razones.

Y nos vimos. Y nos miramos. Y ahí supimos que ya éramos. Fue una atracción mental, algo muy descomunal. Y la atracción emocional iba en una escala ascendente. Todo levita sobre un sentimiento candente. Las sensaciones van en montañas que son rusas. Las emociones van hacia lo conocido y no hacia lo extraño. Estamos llenos de códigos descifrables que nos hacen vivir maravillosas experiencias sensoriales.

21

Es verte y sonrío de inmediato. Es oírte y siento como mi corazón se ablanda. Es sentirte y saber que estoy en paz, en calma, en casa. Es escucharte y ver que los fantasmas y miedos se despojan de mi cuerpo. Es tocarte y saber que no estoy sola. Es mirarte a los ojos y que los míos brillen cual supernova. Es besarte y sentir como una caricia burbujea en mi estómago. Es hacer contacto visual contigo y reírnos de la nada. Es abrazarte y contemplar cómo el amor corretea entre nosotros.

Es pensar en la remota posibilidad de que te vayas, y el mundo me aplasta y me deja abatida. Me dejaría sin ti, sin mí, sin nosotros. En la más absoluta y silenciosa nada.

Déjame verte, sonreírte, reírte…

durante toda la vida.

22

Enchúfame en vena esa música viajera. Esa que me hace viajar por el camino más sensorial. Esa que me hace olvidar todo lo pasado, como si nada hubiese ocurrido. Hazme bailar, llorar, emocionarme y gritar. Muéstrame el valor de las palabras. Transmítelas. No me cantes, cuéntame algo musicalizado.

23

Pase lo que pase,
le pese a quien le pese,
y sin importarme quién me pise,
siempre vas a ser tú.
Te elegiré a ti, si así me lo susurra el corazón.
Porque sé que eres tú. No hay otra persona, ni quiero que la haya.

24

Me preguntó que a dónde quería que me llevase y yo le dije:

Cancionero de mi vida, llévame a ese lugar del que todos hablan.

A ese lugar alejado de todo y de todos, para todo y todos.

A ese lugar que te acoge y te recoge.

A ese lugar en el que la brisa marina te cura.

A ese lugar que te hace sentir.

A ese lugar del que todos se enamoran.

A ese lugar que llaman afortunado.

Cancionero de mi vida, llévame a Canarias.

25

Oye, creo que me he enamorado, porque con solo mirarte todas mis emociones salen en procesión. Una detrás de otra.

Cuando te siento, pierdo el sentido. Cuando te abrazo, levito sobre cualquier órbita. Cuando te hablo, pierdo la noción del tiempo. Cuando sonreímos, todo está solucionado. Cuando estoy contigo, siento más libertad de lo que ya sentía. Cuando te observo, la calma me invade.

Oye, pues esta peregrinación que vivo junto a ti no está nada mal, es muy bonita.

26

Si ves que la mente y el corazón se desahucian de sus labores, no te preocupes, porque ahí voy a estar.

Ahí tendrás mi mano para guiarte, por si tu GPS está en reparación.

Ahí seré tu red de seguridad para que no caigas, y si caes, me tiraré contigo, para que la caída duela menos y sane más pronto.

Ahí seré tu oído cuando quieras verbalizar tus dudas.

Ahí estarán mis abrazos esperándote por si los necesitas.

No te preocupes, porque si algún día sientes que no, que no vas a más, ahí estaré para decirte que sí, que sí va a más.

27

Siempre he tenido la percepción de que las cosas no pasan por casualidad. Que nada es remoto o inoportuno. Que algo no sucede porque sí. Que las cosas ocurren porque tienen una causa, una razón que las lleva a suceder, una explicación que las lleva a ser. Que, en cierta manera, vienen programadas, premeditadas a tener lugar; para bien o para mal, ellas ocupan un lugar en nosotros.

Vienen a la vida con un cometido, aprender y vivir, vivir y aprender.

28

Adiós a ese pop de flores, de velas aromáticas y de color rosa.

Hola a ese rock oscuro, pirotécnico y de pura adrenalina.

Súbete a la tarima, desmelénate, vamos a aprovechar este subidón.

Si algo te desconcierta, muéstralo, hazte escuchar en todo el mundo.

Haz impacto, crea cambio.

Únete, me dijo. Y no me quedó otra opción que unirme y seguirle.

29

Algo se cuece en el ambiente, huele a noche diferente.

La luna llena alumbra cada metro de la ciudad, sin un mínimo de oscuridad.

Catalina se despoja de su forma y emprende un paseo con ansias de crear caos nocturno.

Ella, riéndose, abre su caja de Pandora y sus fantasmas, monstruos y brujas campan a sus anchas por las calles con afán de atormentar.

30

- Quédate hasta que el sol se vaya.

- Aquí el sol no se va nunca.

- ¿Entonces?

- Entonces me quedaré siempre.

- ¿Siempre?

- Siempre.

31

La chica aire, puramente libre, puramente independiente, pura mente creativa. Ella se encuentra en las nubes y el agua emana de ella. La lluvia le cae de diferentes maneras, evocando arte, evocando cuestiones. Ella es la chica que florece, marchita y crece; y así, siempre.

32

Soy ese pop melódico cuando quiero poner sonido a mi vida.

Soy ese pop indie cuando quiero estar de chill con mi gente.

Soy esa música clásica cuando quiero amansar mis fieras internas.

Soy esa música comercial cuando quiero aparentar.

Soy ese tocadiscos desempolvado para poner el vinilo de las cuestiones históricas.

Soy esa rumba cuando el buen rollito se apodera de mí.

Soy ese rock and roll cuando quiero alborotarme.

Soy ese folclore cuando quiero sentir la caricia de mi patria, de mi comunidad.

Soy esas baladas corta-venas cuando quiero expulsar la cascada que por dentro se estaba empezando a formar.

Y soy esas canciones a medio tiempo cuando mi cabeza quiero aclarar.

Sé que seré mucha más música, pero de momento, toda esa música soy yo.

¿Y tú? ¿Qué música eres?

33

Simplemente quiero tomar mi té junto a ti en nuestro balconcito, mientras charlamos de todo y de nada.

Sentarnos en un banco y reírnos al ver cómo se divierte la meteorología.

Reírnos de las tonterías del otro.

Hacer de la rutina momentos especiales.

Apoyarnos en nuestros momentos más difíciles.

Pasear de la mano por el camino más sereno.

Celebrar cada pequeño logro como si hubiésemos ganado una copa mundial.

Observar el atardecer más bonito sobre la faz de la tierra sentados en la orilla del lago, nuestro lago.

Perderme en tu mar azulado, en tu cristal más claro y puro.

Escuchar nuestras dudas y miedos, y acompañarnos a combatirlos.

Para mí, todo eso implica el hecho de querer bailar contigo sobre las auroras boreales; sí, eso es, bailar hasta que nos hagamos viejitos juntos.

34

Recógeme en tu coche y escapémonos juntos.

No quiero saber nada de ellos, ni de ellas.

Quiero olvidarme de todo y de todos.

Sube la música que quiero cantar.

Acelera que quiero sentir la adrenalina.

Pásame esa gasolina, que vamos a quemar todo esto como si fueran las hogueras de San Juan.

35

Como una noche de verano en mi terraza con mojito en mano, junto a una calada de cigarrillo que suspira por ti. Como una brisa fresca que recorre cada esquina de mi delicada piel, oliendo tanto a verano cual pan recién horneado. Como esa risa interminable que se instala y hace cosquillas traviesas en cada costilla.

Así es cómo me siento yo cuando estoy contigo, como una noche de verano y sus incesantes emociones; pero con deseo atemporal.

36

Ella de tierras calientes, pero chica nieve.

Él de tierras frías, pero chico adrenalina.

Se vieron, se encontraron, se juntaron,

y entonces, estalló todo.

La nieve ardía entre lava,

mientras que la playa se helaba cual glaciar.

Y ahí fue cuando supieron que ambos eran los causantes del cambio climático.

37

El olor a marisma que tengo incrustado en el corazón.

Las energías nuevas que entran por mi nariz.

Las gaviotas que tocan la melodía junto al sonido de las olas.

La paz mental que se instala en mi cabeza.

¡Qué bonito es saber que estás ahí!

¡Qué bonito saber que puedes sanarme!

¡Qué bonito es saber que puedo contar contigo cada vez que lo necesite!

38

En ese lugar tan mundano pero extraordinario.

En esa playa que nos vio crecer, amar, sentir, saber, aprender y desaprender, así, en ese orden y sin ninguna alteración de por medio.

En esa orilla que tantas lágrimas nos absorbió y tantas energías nos dio.

Frente a ese horizonte donde el sol se convierte en supernova ante nuestros ojos.

Sobre esos granos de arena te esperaré, en todos y cada uno de los atardeceres, hasta que el ave fénix cubra el cielo con sus alas porque es hora de irse a dormir.

Deseando entonces que sea el día siguiente, para volver a esperarte, aun así, corriendo el riesgo de que no haya un día siguiente.

39

Hoy el atardecer tiene varios colores, como las emociones de mi corazón cada vez que te abrazo.

Hoy el atardecer brilla, como mis ojos cuando te veo.

Hoy las nubes del atardecer no están, como mis dudas cuando estoy contigo.

Hoy el atardecer se convierte en mapa para las aves, como todos los lugares a los que quiero ir contigo.

Hoy el atardecer es un vivo ejemplo de lo que le sucede a mi ser.

Hoy el atardecer te muestra mi amor.

Hoy.

40

Tómala me dijo, *te gustará* me dijo. Y así fue, no se equivocaba. Una libertad que me supo a gloria, a manjar de dioses. Ya era libre, pero cuando me dio la que me ofrecía, eso fue *next level.* Me vestí de ese regalo y qué bien fue todo eso. Qué bien me veía. Qué bonita me sentía.

El cantar de los ruiseñores me acompañaba. La alegría y la felicidad se convertían en mi maquillaje. El aura de mi aire era diferente, más verde, más claro, más bonito.

Nos volvimos tan íntimas, la libertad y yo, yo y la libertad, que sé que eso es lo que quiero. Siempre. En todas las horas de mi vida.

41

Súbeme la música a tope,
que no quiero sentir al mundo real.
Súbeme la música por favor,
que no quiero llorar.
Súbeme la música a tope,
que no me quiero escuchar.

42

La melodía comienza a sonar.

Las palabras empiezan a hablar.

La armonía sube por mi columna vertebral.

La mente recorre senderos jamás vistos.

Eres un completo viaje emocional.

43

¿La mirada?

Pura adrenalina mental.

¿La caricia?

Puro revuelo casual.

¿El beso?

Puro cosquilleo cerebral.

¿El abrazo?

Pura dopamina sensorial.

¿Y todo tú?

Puro vendaval de emociones,

ciclón de sensaciones.

44

La mirada más bonita capaz de hablar sin la necesidad de usar palabras, con la completa habilidad de transmitir.

La mirada más clara vista sobre la faz de la tierra. Unos ojos que brillan como auroras boreales, dispuestos a flotar, como mariposas que desean volar.

Fuiste algo muy imprevisible.

Transmitiendo lo imposible.

Sí,

contigo el amor se vuelve tangible.

45

Presente.

Lo mismo es línea temporal que regalo.

Si lees entre líneas, habrás encontrado el verdadero significado.

46

Anhelo ese aire puro que inundaba el bosque.

Anhelo esa brisa marina que cepillaba mi pelo.

Anhelo esa ola que cada vez que llegaba a la orilla cosquilleaba entre los dedos de mis pies.

Anhelo el aroma de mi té, y el olor de tu café.

Anhelo tus abrazos, tus besos, tus miradas.

Anhelo la caricia de un día soleado. Y la lluvia de uno nublado.

Anhelo el día, la noche, sus emociones, sus nimiedades y tú; como todos esos pajaritos que desde una jaula lúgubre anhelan recuperar su vuelo cada nuevo día.

47

Cuando te veo jugar a ser niña y reír como grande, sé que ahí está todo bien y nada más me hace falta. Solo tienes que estar tú, porque contigo ya he ganado en la vida.

Reina maga.

Agradecimientos

Muchas gracias a todas las personas que han querido darme la oportunidad de entrar en sus vidas a través de mis palabras. Creo que no hay nada más bonito y especial que conectar con las personas a través de ellas, las palabras.

Gracias a todas las personas que forman parte de mi vida que, directa o indirectamente, me han apoyado en el camino de la escritura. Pero en especial a mis padres, quienes siempre de manera sutil pero notable han alabado mis palabras y han entendido mi manera de ver el mundo. Gracias mami, gracias papi.

Y finalmente pero no por ello menos importante, gracias a la Coraima del pasado. A esa Coraima introvertida que nunca ha dejado de creer en ella misma pese a las situaciones que le han tocado vivir en la vida. Una Coraima que supo convertirse en su propio salvavidas a través de la escritura, y que hoy ha conseguido dejar ir sus textos, esos que tanto le sirvieron de abrigo todo este tiempo, para que ahora puedan acompañar a muchas otras personas.

Gracias.

www.ingramcontent.com/pod-product-compliance
Lightning Source LLC
LaVergne TN
LVHW091144080826
845145LV00008B/2254